I0171819

www.ingramcontent.com/pod-product-compliance
Lightning Source LLC
Chambersburg PA
CBHW081634040426
42449CB00014B/3300

9781771435802

My Guide Inside (Book III) Advanced Learner Book
Hebrew Language Edition
(Black+White Edition)

המדריך הפנימי שלי

להכיר את עצמי ולהבין את עולמי
ספר 3

כריסטה קמפסול
עם
קת'י מרשל אמרסון

תרגום: אביבה פשחור

שיחות חינוכיות מתוך הבנת שלושת העקרונות

myguideinside.com

CCB Publishing
British Columbia, Canada

My Guide Inside (Book III) Advanced Learner Book Hebrew Language Edition (Black+White Edition)
המדריך הפנימי שלי
להכיר את עצמי ולהבין את עולמי
ספר 3

Copyright © 2018, 2022-2023 by Christa Campsall – http://www.myguideinside.com

ISBN-13 978-1-77143-580-2
First Edition, Revised (Black+White Edition)

Library and Archives Canada Cataloguing in Publication
Title: My guide inside (book III) advanced learner book Hebrew language edition (black+white edition) / by Christa Campsall and Kathy Marshall Emerson, translated by Aviva Pashchur.
Names: Campsall, Christa, 1954-, author.
Issued in print format.
ISBN 9781771435802 (softcover)
Additional cataloguing data available from Library and Archives Canada

My Guide Inside® is a registered trademark of Christa Campsall (3 Principles Ed Talks)
Editing: Jane Tucker
Conceptual Development: Barbara Aust and Kathy Marshall Emerson
Production: Tom Tucker
Contributions: Jane Tucker, Kathy Marshall Emerson, Dr. William Pettit, Bob Campsall, Mavis Karn, Paul Lock, Braden Hughs
Graphic Design: Josephine Aucoin
Images: Shutterstock.com
Webmaster: Michael Campsall
Translation: Aviva Pashchur
Editing: Liora Daus; Orit Eshel PhD.

למה ינשוף?

לאורך השנים כמורה, קיבלה כריסטה ינשופים שונים כמתנה. היא אוהבת אותם כסמל לחוכמה שכולנו חולקים. החל מימי קדם ולאורך ההיסטוריה, תרבויות שונות ראו בינשוף עוף הקשור לחוכמה והדרכה. עיני הינשוף העגולות והגדולות מסמלות ראיית ידע. למרות שלעיתים הוא מקושר לרעיונות אחרים, בשל הקשר לחוכמה, להדרכה ולראיית ידע, נבחר הינשוף כסמל הגרפי של ***המדריך הפנימי שלי***. כריסטה וג'יין מקוות שפרשנות זו משמעותית גם עבורכם.

Publisher: CCB Publishing
British Columbia, Canada
www.ccbpublishing.com

תוכן העניינים

תעדו את השינוי האמיתי שלכם!

לפני שתתחילו, אנא מלאו את טופס ההערכה המקדימה לתלמיד.

בסוף הקורס, בדקו את הצמיחה שלכם על ידי מילוי טופס ההערכה המסכמת.

תהנו ממסע הלמידה שלכם!

הסיסמה למשאבים באתר myguideinside.com היא mgi

האם 'המדריך הפנימי שלי' שווה את זמנכם?

אולי תרצו לדעת מה אמרו בני נוער אחרים על ההתנסות הזאת:

- ✧ **"הופתעתי שהפתרונות למצבים עליהם דיברנו אכן עבדו!"**
- ✧ **"הושעתי מהלימודים לפני שגיליתי חלק מהדברים האלה... בעצם הכנסתי אגרוף לאחד הילדים... אבל אז גיליתי שהעניין הוא מציאות נפרדת ואפשר היה לעצור את זה."**
- ✧ **"תוכנית הלימודים הזו עזרה לי מאד. נהניתי ממנה. אני מקווה שנוכל לחזור עליה בשנה הבאה. התוכנית הזו תעזור לי לאורך כל חיי. תודה לכם."**
- ✧ **"רוב המחשבות שלי חיוביות עכשיו, אפילו כשאני לא מקבלת את מה שאני רוצה. זה בגלל שאני מבינה שהאדם האחר מסתכל על זה מנקודת מבט שונה. היחסים שלי עם הורי השתפרו. אני לא מנסה להוכיח שום דבר יותר. "**
- ✧ **"לסלוח זו ההרגשה הטובה ביותר מכולם. אל תתנו למחשבות שליליות לנהל את חייכם."**
- ✧ **"השתמשתי בתודעה שקטה כי לא הכנתי את שעורי הבית שלי והיה לי המון לעשות למחרת. אז עשיתי הכל בבית ספר. פשוט הרגעתי את עצמי בסוף היום ועשיתי. הספקתי הכל. הייתי גאה בעצמי. "**
- ✧ **"ההיבט החשוב ביותר היה ללמוד על כוח המחשבה ומצבי נפש מכיוון שכעת אני יודעת שמחשבות הן איך שמתייחסים אליהן. זה גם עזר לי להפסיק לנתח מחשבות שליליות ולדעת איך למנוע אותן באמצעות גישה חיובית. זה עובד. תודה. "**
- ✧ **"למדתי על שלושת העקרונות בבית ספר לפני כ- 15 שנה ווידע זה הוא עדיין הבסיס לחיי כיום!" (מנער לשעבר, היום מבוגר)"**

בני נוער אמיתיים, שינוי אמיתי

בני נוער ממש כמוכם אמרו את הדברים האלה ותרמו תרומות רבות אחרות וחשובות לספר זה. הכרת תודה מיוחדת לאלה ששיתפו את התובנות האותנטיות שלהם תחת הכותרת **'הרהורי נעורים'** בסוף כל פרק. אחרים היו בקבוצות מיקוד, נתנו משובים והעלו הצעות מבריקות. ה'*מדריך הפנימי שלי*' [להלן המפ"ש] כולל סיפורים שנכתבו עבורכם על בסיס דיווחים על שינויים אמיתיים בקרב צעירים שלמדו את העקרונות. הסיפורים הללו נכתבו על ידי ג'יין טאקר וכריסטה קמפסול, אשר ראו שתיהן שינויים חיוביים דומים בעת עבודתן עם צעירים בתקופות שונות ובקצוות מנוגדים של יבשת צפון אמריקה.

מבוא

אם אתם קוראים את הספר הזה, אתם מתחילים בתהליך משנה חיים יוצא דופן. אני פסיכיאטר וזקן מספיק כדי להיות הסבא שלכם. אני רוצה לחלוק איתכם מסר אישי מאד.

בשנות העשרה שלי, מעדתי ונפלתי תוך כדי שאני עושה כמיטב יכולתי מתוך ההבנה המוגבלת שהייתה לי אז על הטבע האמיתי שלי. לא ידעתי כיצד נוצרת החוויה שלי מרגע לרגע. לא היה לי שמץ של מושג שקיימת חוכמה שזמינה תמיד שמדריכה אותי בכל אתגרי החיים.

ביליתי 26 שנים בבית ספר כדי והוכשרתי כפסיכיאטר, אבל לא למדתי דבר על בריאות נפשית אמיתית. במשך שנים רבות, הייתי אני עצמי בדכאון בזמן שטיפלתי בחולים.

אבל בדיוק כמוכם, היה לי מזל! נקרתה בפני ההזדמנות ללמוד את שלושת העקרונות וחיי האישיים ועבודתי הקלינית השתנו לנצח. תסמכו עלי, הבנת שלושת העקרונות - **תודעה, מחשבה ומודעות** - שהיא מטרת *'המדריך הפנימי שלי'* היא מתנה משנת חיים שלא תסולא בפז!

עקרונות אוניברסליים אלה יערכו לכם היכרות עם הטבע האמיתי שלכם ועם טבע החוויה שלכם – הנוצרת תמיד 'מבפנים החוצה'. *המדריך הפנימי שלי* מכוון אתכם להדרכתה האינסופית והנוכחת-תמיד של החוכמה. למשך שארית חייכם, בכל פעם שתעמדו בפני אתגרים וחוסר וודאות, השעורים יקרי הערך שבספר זה יעזרו לכם!

כשהייתי בן שש ואחי בן שלוש, הוא הסיר את ידיו מבקבוק קוקה קולה ואחז בקשית שהייתה בבקבוק. הוא הביט בהפתעה, במורת רוח ובבלבול כשהבקבוק התנפץ על הרצפה ותוכנו ניתז. מעולם לא שכחתי את עיקרון כוח הכבידה.

גם הבנת עקרונות הבריאות הנפשית משנה מאוד!!! ברוכים הבאים למסע אל אושר!

ד"ר ויליאם (ביל) פטיט, פסיכיאטר

מטרות 'המדריך הפנימי שלי'

העקרונות שד"ר פטיט מתייחס אליהם פועלים בכל בני האדם, כולל בני נוער. תכנית הלימודים של *המדריך הפנימי שלי* (להלן מפ"ש) מכוונת לדרך של שלמות, אושר, יצירתיות ורווחה בכל חלקי חייכם.

לפיכך, למפ"ש שתי מטרות אקדמיות: (1) לשפר את הרווחה האישית שלכם מתוך הבנת עקרונות אלה ו-(2) לפתח מיומנויות בתחום התקשורת, החשיבה והאחריות האישית והחברתית. *המפ"ש* משיג את שתי המטרות האלה על ידי שימוש בסיפורים, דיונים ופעילויות כתיבה ויצירה שונות, כולל שימוש במדיה דיגיטלית, כשהלמידה מפתחת גם את מיומנויות השפה שלכם.

גילוי *המדריך הפנימי* שלכם, המפתח ללמידה, משפר את יכולתכם לקבל החלטות, לנווט את חייכם ולבנות מערכות יחסים בריאות. גישה לחוכמה טבעית תשפיע על הרווחה האישית והרוחנית שלכם, על האחריות האישית והחברתית, ועל זהות אישית ותרבותית חיובית. אנו מתחילים בהתחברות לאושר.

האם יתכן שיש לי מדריך פנימי?
האם בהבנת החיים רב הנסתר על הגלוי?
האם המדריך הפנימי שלי -המפ"ש- מוביל לאושר?
האם אפשר להתחבר לאושר כמו לאינטרנט?
האם האושר זמין לכולם?
הממ, כדאי לשמור על ראש פתוח...
על כל מקרה...

פרק 1 - לגלות את המדריך הפנימי שלי

גילוי המדריך הפנימי שלנו, החוכמה הפנימית, מוביל לאושר ולהבנה. לכל אחד יש בריאות נפשית בפנים, המוגדרת גם כמצב של רווחה נפשית. לימוד שלושת העקרונות מראה כיצד אנו יוצרים את חוויית החיים האישית שלנו מבפנים החוצה. הבנת המשוואה מכוונת אותנו לעבר רווחה נפשית ועוזרת לנו למצוא את הצפון האישי שלנו:

"תודעה + מודעות + מחשבה = מציאות" (*Enl.G.R. 42*)

בחינת ההיגיון שבמציאויות נפרדות עוזר לנו לתקשר עם אחרים בבהירות. יש הקלה משעשעת בלראות מציאויות נפרדות בפעולה! הכרות עם **המדריך הפנימי** שלנו מאפשרת לנו לחיות חיים מלאים באושר ורווחה. כפי שהעיר נער אחד: "שלושת העקרונות הם כמו טבעת לפענוח קוד!"

פרק זה מציג את שלושת העקרונות. עקרונות אלה עומדים בבסיס המפ"ש. זו ההזדמנות שלכם לגלות את המדריך הפנימי שלכם שמכוון כל אחד ואחת מאתנו לתובנות ואושר באופן טבעי.

התחברות לאושר

חשבו על מצב בו הרגשתם מאושרים ובטוחים. האם אתם מרגישים מאושרים עכשיו? למרות שאתם עשויים להרגיש אומללים לפעמים, אתם יכולים לחייך שוב!

סיפור קטן

האם ידעתם שפסיכולוגים בכל העולם מנסים מאד להבין את הפסיכולוגיה האנושית במשך זמן רב מאד? סידני בנקס לא היה פסיכולוג אלא אדם רגיל שפשוט ראה את העקרונות הפועלים עליו ורצה לחלוק את ממצאיו עם כל בני האדם, במיוחד פסיכולוגים. הוא הסביר כי וויליאם ג'יימס, אחד מאבות הפסיכולוגיה המודרנית, "...הייתה תובנה שאיפשהו בתוך כל אחד יש בריאות נפשית, אך הוא לא יכול היה להוכיח זאת... הוא קיווה שמתישהו, איפשהו, מישהו יגלה עקרונות שישנו את הפסיכולוגיה מפילוסופיה אישית למדע שעובד. ואני באמת מאמין שמצאנו את העקרונות הללו. עקרונות ה**תודעה, המודעות והמחשבה**." (Att. 4:52)

משוואה לאושר

השגת הבנה בשלושת העקרונות האלה - שלוש אמיתות - מובילה לאושר! עקרונות אלה נכונים עבור כל בני האדם עלי אדמות. אתם יכולים לחשוב על זה כמשוואת שלושת העקרונות:

תודעה + מודעות + מחשבה = מציאות (Enl.G.R. 42)

הסופר סידני בנקס הבין שכולנו פועלים מבפנים החוצה. היה לו אכפת מצעירים והוא ידע שאם נוכל לעזור להם להבין זאת, העולם יהיה מקום הרבה יותר טוב. הוא אמר: "איך שאני רואה את זה ... קיבלנו שלוש מתנות מיוחדות שעוזרות לנו לכל אורך חיינו, והן **תודעה אוניברסלית** שהיא מקור כל אינטליגנציה, **מודעות אוניברסלית** המאפשרת לנו להכיר בקיומנו, **ומחשבה אוניברסלית** שמדריכה אותנו בעולם בו אנו חיים כסוכני חשיבה חופשית." (Enl. 38)

בתוך כל אדם, כולל בתוככם ובתוכי, עובדות יחדיו **תודעה, מודעות ומחשבה** כדי ליצור את המציאות שאנו חווים. אנחנו, כחושבים, יכולים לשנות את המציאות שלנו ממאושרת לאומללה ומאומללה למאושרת. מה שאנו עושים עם מחשבה זה המשתנה שעושה את ההבדל.

כוח הבחירה

רק בגלל שמחשבה צצה בראשכם לא אומר שאתם צריכים לעקוב אחריה. אתם לא רובוטים! מחשבה זקוקה לתשומת לב כדי להישאר בחיים. יש לנו רצון חופשי לבחור בכל רגע מאילו מחשבות להתעלם ובאילו מחשבות לעסוק. מכיוון שאנו מרגישים באופן מיידי את מה שאנו חושבים, אנו מסוגלים לבחור כהלכה בטבעיות וללא מאמץ כאשר אנו מקשיבים להרגשה – מקשיבים **למדריך הפנימי** שלנו.

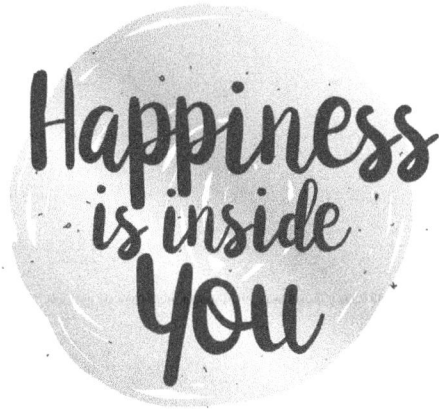

Happiness
is inside
You

האושר בתוכחם

"האושר שאתם מחפשים נמצא בתוככם. זה באמת כך. כאן טמונה הבריאות הנפשית." (One 1:27) השתמשו **במדריך הפנימי שלכם** כדי להתחבר אל האושר הנמצא בתוככם על מנת לנווט בעולמכם, באמצעות "מחשבות בריאות רגע אחר רגע." (Mis.4) כך יוצרים בריאות נפשית, המוגדרת כמצב של רווחה נפשית.

טבעת פענוח הקוד שלכם

נער אחד קרא לשלושת העקרונות האלה *טבעת פענוח הקוד*. הוא ראה שיש לו (כמו לכולם) את הכוח לפענח את הקוד לחוויות שלו – **מחשבה** פועלת עם **תודעה ומודעות** כדי ליצור את המציאות שלו. הוא אמר: "ברגע שאתם יודעים על שלושת העקרונות, אתם רואים את האמת בכל מקום, מה שעוזר לכם לנווט בעולמכם." כמו אותו צעיר, אתם יכולים לפענח את הקוד ולראות שהמציאות שלכם נוצרת על ידי החשיבה שלכם ברגע. ברגע שאתם יודעים שמחשבה היא החוליה החסרה, לעולם לא תוכלו לבטל ידיעה זו. "ידע זה יבוא באמצעות הרגשה." (Gre.S. 15:55) הוא משנה את כללי המשחק.

חשבו, שתפו עם בן/בת זוג

דברו על "משוואת שלושת העקרונות" או על "טבעת פענוח הקוד שלכם".

הבנת חוכמה

מה הוא שם טוב לחוכמה פנימית? החוכמה היא "אינטליגנציה פנימית שכולם נולדים איתה." (Att. Part 2 1:00) זו האינטליגנציה הפנימית שנגלה יחד במהלך תכנית הלימודים הזו. איננו מתייחסים למוח, המחשב הביולוגי, המכונה לעיתים *התודעה האישית*. במקום זאת, אנו מתייחסים למקור האינטליגנציה המולדת בתוך כולנו, הידועה כעיקרון **התודעה**. לא משנה כמה פיקחים אנחנו, היכן אנו נמצאים במסע החיים שלנו, אין סוף ללמידה מעיקרון **התודעה האוניברסלית**. מרתק! זהו נכס מובהק. מועיל מאד לדעת שתודעה/חוכמה/אינטליגנציה פנימית, תמיד זמינה לנו. (24/7/365).

כיצד תתארו את החוכמה שמעבר לחשיבה האישית שלכם? בספר זה, *חוכמה פנימית מכונה מדריך פנימי*.

אחרים השתמשו בביטויים שונים:

שכל ישר	אינטליגנציה פנימית	ידיעה
מדריך פנימי	חוכמה פנימית	קול פנימי קטן
בריאות נפשית מולדת	תובנה	תודעה
חוכמה מולדת	אינטואיציה	חוכמה טבעית

האם יש ביטוי שתרצו להוסיף? השתמשו בביטויים שאתם אוהבים. קחו בעלות על הלמידה שלכם. מהן שלושת הבחירות המובילות בקבוצה?

המדריך הפנימי שלי נועד לעזור לכם להכיר את עצמכם ולהבין את עולמכם.

בואו נדבר על התמונה הגדולה

עובדה או טענה מופרכת? הביעו את דעתכם לגבי שני המשפטים ושתפו אילו רעיונות חדשים עולים לכם:

~ "התחילו להרגיש טוב עם עצמכם וחוכמה זו תגיח" (Att. 12:05)

~ "החוכמה באה עם הגיל ו... החוכמה באה מבחוץ פנימה."(Att. 11:40)

הרהורי נעורים: איך הם נשמעים לכם? האם אתם מזדהים איתם?

למדתי להשתמש יותר בשכל הישר שלי ובשיקול דעתי כדי להקל על עצמי. בסך הכל, הידיעה על החוכמה הפנימית הטבעית שלי העניקה לי יותר ביטחון בעצמי, בחיי ובעתידי."

"בעבר התקשיתי לשחרר את החזון שלי על איך הדברים אמורים להסתדר. במהלך תוכנית הלימודים הזאת, למדתי שאם אני מרפה מהעמדה שיש צודקים וטועים ומקבלת את רעיונותיהם של אחרים כתקפים, אני יכולה להתייחס לכל העניין ממקום ניטרלי ולא שיפוטי."

הסרט האישי: הערכת מציאויות נפרדות

מה שאנחנו עושים עם מחשבה זה המשתנה שעושה את ההבדל. זה גורם לכך שלכל אחד מאיתנו יש מחשבות עצמאיות, ולכן כל אחד מאיתנו "רואה מציאות נפרדת." (Mis.6) אפילו בשעה שאנו חולקים חוויה עם אחרים, כל אחד מאיתנו יוצר את הסרט שלו או שלה.

חשבו, שתפו עם בן/בת זוג: בחרו לדבר על חוויה אישית של "סרטים אישיים" או "מציאויות נפרדות".

~ מהן המחשבות שלכם כאשר אתם מסתכלים על השקיעה והים? אילו רגשות עולים בכם?

~ שתפו והשוו בין התשובות שלכם.

~ כיצד יכולה הבנת מציאויות נפרדות להועיל לכם כשאתם מנווטים בעולמכם? _____

מרכז המשאבים של הפרק

השתמשו במשאבים, הפעילויות והפרויקטים המוצעים כדי לשפר את הלמידה שלכם.

- **פעילויות:** אלה נועדו עבור ציונים ו/או פיתוח יצירתיות. השתמשו בקריטריונים להצלחה!
- **רק בשביל הכיף:** תהנו מהרגשה טובה.
- **אוצר מילים חיוני:** שפרו את התקשורת.
- **נסו את זה בבית:** נסו זאת במהלך השבוע.
- **נספח ד:** "תזכורות" מעמיקות את ההבנה.
- myguideinside.com: קטעי וידאו והיצע מדיה דיגיטלית – המיועדים לכל פעילות.

פעילויות

חשבו וכתבו רשומה ביומן

צרו יומן **מפ"ש**. כתבו מחשבות או הגיבו לאחד מהרעיונות להלן. השתמשו גם במילים מאוצר המילים החיוני.

"אני מאושר ומסופק מכיוון שאני חושב כך." (Alain Le Sage)

"האושר שאתם מחפשים נמצא בתוככם. זה באמת כך. כאן טמונה הבריאות הנפשית." (One 1:27)

קריטריונים להצלחה: השתמשו ב"אני" [בגוף ראשון], שתפו מחשבות ורגשות, הראו תובנות והקשרים.

הגיבו לסרטן ווידאו

כתבו תגובה לסרטון הווידאו הזה ביומן שלכם:

שלושת העקרונות. אנימציה. (Length 1:41) **https://youtu.be/0467yPRpbBw**

קריטריונים להצלחה: השתמשו ב"אני" [בגוף ראשון], הביעו את הרעיונות שלכם בצורה ברורה, הראו תובנות והקשרים.

חשבו על מצב

חשבו על מצב בו חוויתם אושר כשעשיתם משהו שנהנתם ממנו. חשבו מה עשיתם, איפה הייתם, עם מי הייתם ואיך הרגשתם. למרבה המזל, אנחנו יכולים להיות מאושרים גם כשאנחנו לא עושים משהו מיוחד. הוסיפו מסקנה לגבי פוטנציאל האושר שלכם. כתבו איך החשיבה שלכם קשורה להרגשת האושר שלכם. זכרו, האופן בו אתם בוחרים להשתמש **בכוח המחשבה** הוא משתנה המפתח המוביל לאושר שלכם.

קריטריונים להצלחה: רעיון מרכזי ממוקד, טקסט משמעותי המראה עומק חשיבה, רצף הגיוני, שפה ברורה, כללי שפה ודקדוק נכונים וקול ייחודי ניכר.

צרו יצירת אמנות

ציירו תמונה המבטאת את מה שכתבתם ב"חשבו על מצב".

קריטריונים להצלחה: היו מקוריים ויצירתיים, הראו שימוש מיומן בחומרים, הביעו עצמכם בפירוט והשתמשו במרחב בצורה יעילה.

צרו כרזה

השתמשו בביטוי מפתח או סיסמה כדי ליצור כרזה להצגה או לשיתוף מקוון. או השתמשו באחת מהדוגמאות של הסיסמאות הבאות: גלו את המדריך הפנימי שלי; מפ"ש: מפתח לאושר; זה עולם שנוצר על ידי מחשבה.

קריטריונים להצלחה: היו ברורים ומשמעותיים, מדויקים ומסודרים, השתמשו במרחב בצורה יעילה והיו יצירתיים.

רק בשביל הכיף

- ✓ **תיהנו מסרטון וידאו: Happy Song by Pharrell Williams (4:06 אורך)** https://youtu.be/y6Sxv-sUYtM
- ✓ **הפוגה קומית - קומדיה היא פעולה שמתרחשת בגלל מציאויות נפרדות. קומדיות-מצבים מבוססות על מציאויות נפרדות.** שתפו דוגמאות למציאויות נפרדות היוצרות קומדיה בחייכם או במופעים שראיתם. צחוק הוא תרופה טובה!
- ✓ **תיהנו מהשקיעה** - העריכו את יופיו של הטבע, עם עצמכם, עם מישהו אחר או מספר אחרים. הקדישו זמן להתבוננות. אתם תופתעו מהתובנות שעשויות לעלות בכם!

אוצר מילים חיוני

חלק מהמילים הללו פשוטות יחסית. הבנתן בצורה עמוקה יותר תשפר את מיומנויות התקשורת שלכם.

אוניברסלי – עולמי, כללי, כלל-עולמי, מקיף, כולל, מתאים לכול, השייך לכלל האנושות

אושר – רווחה וסיפוק, תחושה שהחיים משמעותיים

אינטואיטיבי – מולד וטבעי

אישי – שייך לאדם מסוים

בריאות נפשית – מצב של איזון שיש בו שמחה, אהבה, חמלה, תחושת רווחה ואושר

הבנה – שימוש באהבה, חמלה וטוב לב כמדריך, הכרה

הגיוני – עושה שכל

חזון – רעיון עם תמונה בראש, תמונה שעולה בדמיון

חוכמה – שכל ישר, היגיון בריא, ידיעה, **המדריך הפנימי שלכם**

חמלה – הרגשת אמפטיה מתוך הבנה

מדריך פנימי (מפ"ש) – יועץ חכם ויודע, עוזר לנווט בחיים

מודעות – הכרה, כאשר המילה **מודגשת** היא מציינת את עיקרון המודעות

מולד – אינטואיטיבי וטבעי, בא לנו עם לידתנו

מופרך – לא תקף, מוטעה, מוכח כשגיאה, חסר יסוד, חסר בסיס

מחשבה – אנרגיה חסרת צורה, כלי יצירתי, היכולת לחשוב, כאשר המילה **מודגשת** היא מציינת את עיקרון המחשבה

מטאפורה – דימוי, סמל למשהו אחר

מציאות – האופן שבו החיים נראים לחושב

משתנה (*variable*) – משהו שעשוי להשתנות ולהשפיע על התוצאה

עיקרון – הנחה יסודית, בסיס לשרשרת מסקנות

רווחה נפשית – מצב הוויה, נוחות, בריאות נפשית, שביעות רצון כללית מהחיים

רצון חופשי – היכולת לבחור על איזו מחשבה לפעול

שכל ישר – חוכמה, היגיון בריא

תובנה – הבנה חדשה, חוכמה חדשה, משהו שלא ראיתי קודם ועכשיו אני רואה

תודעה אוניברסלית – האנרגיה חסרת הצורה שאחראית ליצירת כל החיים, המקור והתבונה שמאחורי כל החיים

תודעה אישית – כלל המחשבות, הרגשות, התחושות והתפיסות החושיות שהאדם מודע אליהן

נסו את זה בבית!

במהלך השבוע יכולות להיות לכם הרגשות טובות. שימו לב: האם אתם מאושרים ומסופקים גם בזמנים שאתם לא עושים משהו מיוחד?

פרק 2 - מסיכות הביטחון העצמי

כולנו רוצים להרגיש בטוחים. רגשות חוסר ביטחון יכולים להתבטא בדרכים רבות; הם לובשים מסיכות רבות ושונות. אם הראש שלכם מלא במחשבות שליליות, תרגישו חוסר ביטחון. במצב נפשי זה, אתם חווים מצבי רוח ירודים ובמקרים מסוימים אפילו דיכאון. אבל האחריות בידיכם. יש פתרון! יש לכם רצון חופשי לבחור לאילו מחשבות לשים לב או באילו מהן "להפיח חיים."

אם אתם פתוחים לזה, אתם באמת יכולים לראות מה קורה בתוככם. אתם תלמדו שאתם נמשכים לרגשות טובים ולמעשה אתם נמשכים למצב בטוח. כשהמחשבות השליליות שלכם מתפוגגות – כאשר אתם פשוט מאפשרים להן לחלוף – תחזרו לתחושת ביטחון טבעית ותיהנו יותר מהחיים. הבונוס הוא שתהיו מלאי הכרת תודה וזה בעצם מגביר את תחושת הביטחון שלכם. נערה אחת הסבירה: "המסווים לחוסר ביטחון הם המסכות שאנו לובשים כשאנו מרגישים לא בנוח ... לימוד שלושת העקרונות עזר לי להיות בטוחה יותר בעצמי ובמערכות היחסים שלי."

פרק זה משלים את הקדמת המפ"ש לבסיס העקרונות. אתם תחקרו את היחסים בין מחשבה, הרגשה ומצב נפשי בטוח, ותשתמשו באינטליגנציה ובחוכמה המולדת בכדי לתקשר את נקודות המבט החדשות לגבי מערכות היחסים שלכם.

סיפורו של ליאור

איזה רמז חושף שם הפרק לגבי הסיפור של ליאור?

שלם מלא בילדים חדשים. הוא מעולם לא הרגיש כך; הוא היה מודאג באופן לא אופייני לגבי ההשתלבות שלו. יחד עם זאת הוא הבין שזו באמת הזדמנות נהדרת עבורם, וידע שהם צריכים לעבור.

החודש חלף ביעף באריזות ובבילוי זמן רב ככל האפשר עם חבריו בפעם האחרונה. למרות ההיסטוריה שלו – להתיידד בקלות בכל מקום חדש אליו הגיע, ליאור חשש שהפעם זה יהיה שונה, ושהוא לא ידע כיצד להתנהג בסביבה אחרת, לא מוכרת.

כשליאור ואביו התמקמו בביתם החדש, דאגות השאירו את ליאור בתוך הדירה בתחושה ירודה והוא התבייש להתקרב לנערים בפארק שמעבר לרחוב. הוא בילה שעות באינטרנט, בדק מה כל אחד מבית הספר הקודם שלו מפרסם, שלח הודעות לחבריו וחשב על הבילויים שהוא מפסיד.

∞

ליאור היה שקוע במחשבות של ספקות עצמיים ועד תחילת שנת הלימודים, הרגיש כאילו לשונו דבוקה לחיכו. ככל שנעשה חרד יותר, כך היו לו לכאורה סיבות אינסופיות להרגיש חוסר ביטחון.

הוא היה מיואש והתדרדר לדיכאון. הוא לא ידע לאן נעלמה "האישיות" שלו. הוא חשב שכבר חי את כל הכיף שהוקצב לו לחיים ושכעת הוא נידון לעצב ובדידות. הוא מעולם לא היה מבודד כל כך. הוא הרגיש שנקלע למעגל קסמים אכזרי.

חיי החברה של ליאור בשנת הלימודים הזו היו אומללים. אביו ניסה לעזור לו בכך ששיתף אותו במשהו שלמד בעבודה – דרך חדשה להסתכל על דברים.

ליאור ידע הכל על מעברי דירה. כשהיה קטן חשב שכולם עברו הרבה כמוהו, אבל כשהתבגר הבין שרוב הילדים לא החליפו בתי ספר כל שנה-שנתיים. בפעמים הראשונות, אבא שלו הועבר. ואז הציעו לו עבודה טובה יותר, והם שוב עברו. כעבור זמן לא רב, החברה נסגרה וכולם פוטרו. מעברי הדירה פשוט לא הפסיקו.

ליאור הבין שהם חייבים לעבור למקום העבודה החדש וידע שיש לו הרבה על מה להכיר תודה. אביו תמיד הצליח למצוא משהו שהספיק למשפחתם הקטנה (רק שניהם) לחיות בנוחות. לליאור היו חברים שלא היו כל כך ברי מזל. לא היה אכפת לו להחליף בתי ספר, במיוחד בתחילת שנת הלימודים. אביו עשה כמיטב יכולתו לעשות שינויים אז.

מגיל קטן, ליאור מצא עניין במקומות השונים; החברותיות הטבעית והסקרנות שלו מנעו ממנו להיות מחוץ למעגל החברתי בכל בית ספר במשך הרבה זמן. הוא היה סתגלתן והיה לו כשרון לאמץ מבטאים אזוריים, ועד מהרה הוא נשמע כמו "מקומי". הוא מצא שקל לו להשתלב.

כשליאור היה בן 14, לאחר שסיים שנתיים באותו בית ספר, אביו אמר שהוא רוצה לדבר איתו על משהו חשוב. לליאור הייתה הרגשת *déjà vu*. הוא היה די בטוח ששינוי נוסף מתבשל. אביו הבטיח לו שזה יהיה מהלך נהדר עם קידום מוצק, ואפילו כולל דיור. פירוש הדבר שלימודים במכללה עשויים אפילו להיות אפשרות אמיתית עבור ליאור יום אחד. המעבר של 480 ק"מ, בסוף החודש, יאפשר מספיק זמן להתמקם לפני תחילת שנת הלימודים.

ליאור הרגיש שמשקל עופרת נוחת עליו. הוא הרגיש לגמרי לא מוכן ובלי רצון לעבור שוב. מחשבות חרדתיות הציפו את ראשו כשהוא דמיין את הצורך לפגוש בית ספר

הביתה כל יום מותש! הוא שקע בכורסא ופשוט ישב שם נהנה מהשקט המנוגד לריצה אחר הילדים כל היום.

תוך שהוא מתנשם ומתנשף ליאור הבין כמה הוא מרוצה. הוא לא רצה דבר! כשהחרדה התחילה לנדנד לו, הוא הניח למחשבות האלה לחלוף. הוא פשוט נהנה מתחושת הסיפוק בסוף כל יום.

ליאור החל להבין שהוא הניח לעצמו להיות בודד ומבודד על ידי כך שהרגיש והתנהג כל כך מסכן במהלך שנת הלימודים האחרונה. הוא נזכר בדבריו של אביו: "אנו יכולים להשתמש ברצוננו החופשי ולבחור להפסיק להזין מחשבות לא מועילות שמורידות את ההרגשה שלנו." יכול להיות שהוא הזין, בתום לב, מחשבות כמו "אני ביישן, אני שונה, אני לא יכול להשתלב"? האם הוא יצר בעצם את הדבר שהוא כל כך פחד ממנו? הממם...

לליאור היה קיץ טוב, מעייף ככל שהיה. ממש לפני תחילת שנת הלימודים, הוא ואביו נסעו למספר ימים לטייל בשבילי הטבע ולעשות קמפינג ליד מפל שהזין בריכה מושלמת לשחייה. עברו שנים מאז שעשו דבר כזה. ליאור ראה את אביו בעיניים חדשות – לא רק כהורה שלו, אלא גם כחבר. הוא לא יכול היה לזכור חופשה טובה יותר.

כשהחלו הלימודים, המחשבות הלא בטוחות שנראו כל כך אמיתיות בשנה הקודמת, התפוגגו. להפתעתו, הוא הכיר יותר ילדים במהלך החודש הראשון של השנה מאשר בכל השנה שחלפה.

ככל שהשליש נמשך, ליאור נעשה עסוק יותר ויותר. הוא עסק בספורט ובילה זמן רב עם החברים החדשים הרבים שהכיר. הוא נדהם כמה שנון הוא נעשה. הוא תמיד הצליח להצחיק אנשים! החיים היו מלאים.

אחר-צהריים אחד בסוף השבוע, אחרי שיעור נהיגה ממושך, ליאור שקע בכורסא בסלון ונהנה ממשקה קר. הוא שמח להפסקה. הוא התעלם ממחשבות על שליחת

החברה בה עבד אביו למדה לראות כיצד תודעה, מודעות ומחשבה פועלות יחד כדי ליצור את המציאות האישית שלנו; נקודת מבט זו עזרה לעובדים ולצוות ההנהלה להבין טוב יותר אלה את אלה. "אני לא לגמרי מבין את זה," הוא אמר לבנו. "מעולם לא הבנתי את זה קודם, אבל כשאנחנו מחוברים להיגיון עם ההיגיון הבריא והחוכמה שלנו, אנחנו יכולים להרגיש מתי החשיבה שלנו מורידה אותנו מהמסלול. חוכמה זו עוזרת לנו לראות את המחשבות האלה כפי שהן – סתם אשליות שמפרידות בינינו. אנחנו יכולים להרגיש פחות תקועים בחשיבה שלנו ולהשתמש ברצון החופשי שלנו לבחור להפסיק להזין מחשבות לא מועילות."

נראה שדברים אלה לא השפיעו על ליאור באותו זמן, אם כי הוא העריך את זה שלאביו איכפת מספיק כדי לרצות לעזור לו. ליאור דבק במחשבה שהוא איכשהו הפך לאדם ביישן, וחסר ביטחון. זו הייתה האמונה שלו כעת.

לקראת סיום שנת הלימודים וחופשת הקיץ, ליאור השיג עבודת שמרטפות על שלושה בנים קטנים בזמן שהוריהם היו בעבודה. הילדים היו כה מלאי חיים שליאור חזר

בפעם הראשונה, הוא חשב שלעזוב את בית הספר הישן שלו פירושו שלא יהיו לו חברים וזו הפכה להיות המציאות הלא בטוחה שלו. אחרי הקיץ, כשגילה שהוא לא צריך להמשיך להזין מחשבות לא מועילות, הן התפוגגו והיה לו יותר ביטחון.

אבל עכשיו הוא ראה כמה עדין יכול להיות משחק החיים. המחשבות שלו שוב הטעו אותו. איכשהו הוא התחיל להאמין שאם לא ישמור על הדימוי הפופולרי שלו בכל מחיר, עולמו יתפרק. זו הייתה פשוט חשיבה חסרת ביטחון במסווה שונה.

∞

כמו אוויר צח הזורם לחדר מחניק, תובנה לגבי מי הוא היה ומה הוא באמת רוצה, התבהרה לו. הוא לא רצה להמשיך לנסות להרשים את כולם ולעשות דבר אחר דבר במלוא המהירות. הוא מצא את הנחישות והאומץ להיות נאמן לעצמו ולעשות את מה שהרגיש נכון באותו זמן – בין אם זה להסתובב עם כמה חברים טובים ובין אם זה משהו אחר. כנהג מתחיל, ליאור לא יכול היה שלא לחשוב איך, במובנים מסוימים, החיים הם כמו נהיגה במכונית. בדיוק כפי שמסרונים יכולים להסיח את דעתנו ולגרום לתאונות, מחשבות שגויות יכולות להסיח את דעתנו ממה שבאמת קורה. למרבה המזל, כולנו מצוידים ב-GPS פנימי – מדריך פנימי שמוביל אותנו לכיוון הנכון כאשר אנחנו משחררים חשיבה לא בטוחה.

ליאור התמלא בהכרת תודה לראות שהוא הנהג של מכונית חייו. חוכמתו הפנימית תמיד זמינה כדי להנחות אותו חזרה למסלול. ליאור נשען אחורה בכורסא והרגיש טוב יותר מכפי שהרגיש מזה זמן רב.

מסרונים או תכנון תכניות ופשוט נהנה לקחת את החיים בקלות.

ליאור נזכר בתחביבים שפיתח, והבין שלא הקדיש להם זמן מזה עידנים. הוא תהה אם אולי לקח את עניין הלהיות פופולרי וחברותי רחוק מדי.

הבנה לא נוחה אחרת הכתה בו לפתע. ברגע שהוא ראה כיצד הוא מצליח "למשוך קהל" עם חוש ההומור המדליק שלו, הוא התרגל לספר בדיחות עדינות (ולפעמים לא כל כך עדינות) על חשבון אחרים. עמוק בפנים, הוא ידע שזה פוגעני, אבל הוא התעלם מהקול הפנימי הזה. הוא נאלץ להמשיך עם זה מחשש שיתעלמו ממנו והוא יהיה בודד שוב.

ליאור חש נבוך כשהבין מה הוא עושה. הוא ניזכר שאביו אמר שחוכמה פנימית מאפשרת לנו לדעת מתי החשיבה שלנו מורידה אותנו מהמסלול – בעיקרון אנחנו פשוט לא מרגישים בסדר. הקול הפנימי הזה (לא משנה איך קוראים לו) נשמע עכשיו חזק וברור, וליאור ידע שהוא יכול להשתנות.

ליאור החל להרהר במשהו אחר שהוא לא רצה להכיר בו; הציונים שלו ממש סבלו השנה. במשך חודשים, הוא התעלם מתחושת בטן שהוא לא אמור לצאת לבלות כשיש לו שעורי בית לעשות. אבל הוא חשב על זה כ"מחיר שצריך לשלם בשביל להיות פופולרי". ליאור הבין שהוא נסחף כל כך שהדברים יצאו מכלל שליטה.

היה ברור לליאור שהן "הבחור הביישן" והן "מר פופולרי" הן סתם דמויות שנוצרו בידי מחשבות שגויות. הן לא היו מי שהוא באמת. החשיבה שלו הטעתה אותו פעמיים.

בואו נדבר על התמונה הגדולה

- הסיפור של ליאור אולי דומה לחוויה שעברתם ואולי לא. אבל עיקרון הרצון החופשי והבחירה החופשית תמיד תקף. איפה העיקרון הזה פוגש אתכם?
- דברו על התובנה של ליאור וכיצד היא מתייחסת לציטוט הזה: "איש אינו יכול למסור חוכמה. מורה יכול רק להוביל אתכם אליה באמצעות מילים, בתקווה שיהיה לכם האומץ להסתכל לתוך עצמכם." (Mis. 128)

מסיכות חוסר ביטחון

התבוננו ברשימה שלהלן ובדקו אם אתם יכולים להזדהות עם אחת מהדמויות חסרות הביטחון או "המסכות" האלה. אזרו את האומץ להתבונן בכנות.

אגרסיבי
בודד
ביישן
בכיין
גאוותן
דאגן
דחיין
דעתן
זעפן
חסר מזל
חצוף
חרדתי

טרדן
יבבן
יהיר
"ילד טוב ירושלים"
כעסן
מאשים
מבולבל
מחמיץ פנים
מיואש
ממורמר
מסיט
מעמיד פנים

מר פופולריות
מרגיש נחות
מרצה
משועמם
משתמט
מתוסכל
מתנשא
נוכל
נעלב בקלות
סרבן
עצבני
עקשן

פטפטן
פסיבי
קדוש מעונה
קוטר
קנאי
רברבן
רגזן
רכלן
רמאי
שחצן
שתקן

פרצופים המראים הבעות בטוחות וחסרות ביטחון. קל לראות את ההבדל, נכון?!______________________________

<u>הבנת עיקרון המחשבה</u>

בהקשר לסיפור של ליאור, מועיל להבין את עיקרון המחשבה ואת השפעתו על רגשות. "כל הרגשות נובעים ומקבלים חיים **מכוח המחשבה**, בין אם הם שליליים או חיוביים." (Mis. 25) מחשבה ורגש כרוכים זה בזה. במילים פשוטות, מה שאתם חושבים קובע את מה שאתם מרגישים.

ככל שאיכות החשיבה שלנו יורדת עם מחשבות שליליות, אנו מקבלים רגשות באיכות נמוכה יותר כמו "שנאה, קנאה, חוסר ביטחון, חרדות ותחושות דכאון." כשהחשיבה משתפרת עם מחשבות חיוביות, רגשות כמו "חמלה, ענווה, אהבה, שמחה, אושר וסיפוק" מופיעים בעקבותיה. (Mis. 24)

התשובה אותה אנו מחפשים לא נמצאת בתוכן או בפרטי המחשבה "אלא בהבנה שעיקרון המחשבה הוא המכנה המשותף." (Mis. 63) כל חוויה אנושית נובעת מהחשיבה שלנו. לדוגמא, החשיבה של ליאור הובילה אותו לתחושות חוסר ביטחון והתנהגות בהתאם לכך. אז, תובנות חדשות הנחו אותו לרגשות בריאים והוא יכל להירגע ולהיות הוא עצמו. ברגע שאתם רואים מסכת חוסר ביטחון, כמו שליאור ראה בעצמו, אתם יכולים לבחור להפסיק להזין רגש חסר ביטחון ולהשיג מחדש את הביטחון שלכם.

חשבו, שתפו עם בן/בת זוג

יש אנשים שמבלים זמן רב בעטיית מסכות ולא נעים או כיף בסביבתם. למעשה, אף אחד מאיתנו אינו באמת אחד מהקריקטורות הללו. בני אדם יוצרים תחפושות בתום לב. כמו כל הרגשה, חוסר ביטחון נגרם רק על ידי החשיבה שלנו. עצם הידיעה שמחשבות לא בטוחות הן זמניות וחולפות עושה את כל ההבדל.

- שמתם לב מה בני אדם עושים כדי להרגיש טוב יותר כשהם לא חשים ביטחון? האם בסופו של דבר הם מרגישים טוב יותר?
- רגשות "מקבלים חיים **מכוח המחשבה**, בין אם הם חיוביים או שליליים" (Mis.25) יש לכם רצון חופשי לבחור אילו מחשבות להזין. שקלו את המחשבות שאתם "מזינים" עכשיו. היכן הן שמות אתכם על "מדד הביטחון"? האם הביטחון שלכם בקושי ניכר או ניכר בעוצמה או איפשהו בין לבין?

הרהורי נעורים: איך הם נשמעים לכם? האם אתם מזדהים איתם?

"המחשבות השליליות שלכם גורמות לכם להרגיש רע וחסרי ביטחון. כשאתם חושבים מחשבות חיוביות, אתם מרגישים טוב יותר. תחפושות חוסר ביטחון הן המסכות שאנו לובשים כשאנו מרגישים לא בנוח במצבים מסוימים. אנשים שונים לובשים הסוואות שונות. לימוד שלושת העקרונות עזר לי להיות יותר בטוח בעצמי ובמערכות היחסים שלי. תודה רבה לכן!"

"הדבר הכי חשוב הוא ללמוד על **כוח המחשבה** ואיך מצבי רוח עובדים. אני יכולה להשתמש במידע הזה בחיי. זה עשה הבדל מכיוון שאני רואה ומבינה שהמחשבות השליליות שלי פועלות נגדי ומכניסות אותי למצבי רוח רעים. אני מאמינה שהידיעה הזאת היא כבר חצי מהדרך המובילה אותי להיות מאושרת, נרגשת ומרוצה בחיי החיצוניים."

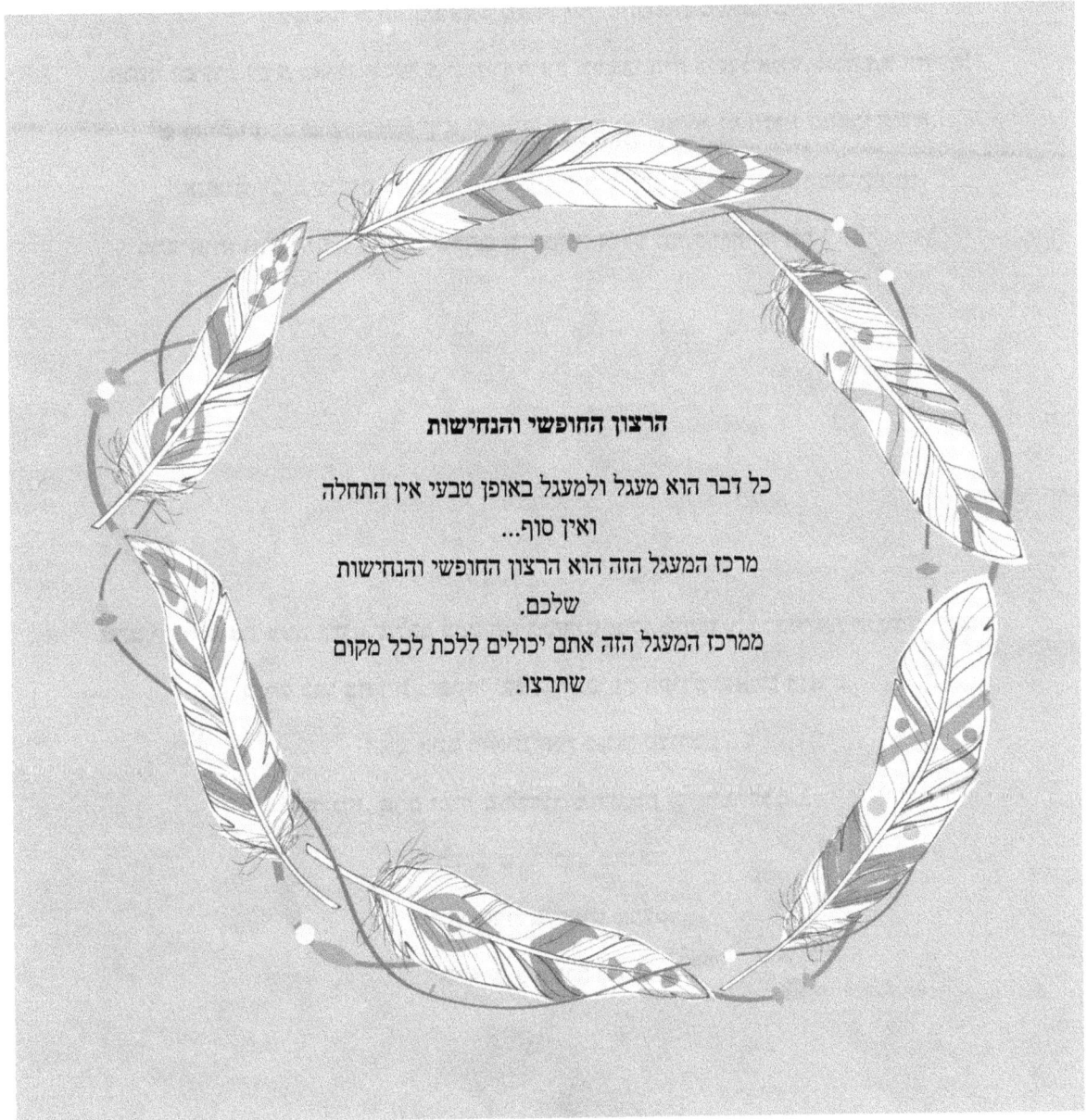

הרצון החופשי והנחישות

כל דבר הוא מעגל ולמעגל באופן טבעי אין התחלה
ואין סוף...
מרכז המעגל הזה הוא הרצון החופשי והנחישות
שלכם.
ממרכז המעגל הזה אתם יכולים ללכת לכל מקום
שתרצו.

צבעי מצבי הרוח

מצב רוח הוא פשוט מצב נפשי שנוצר על ידי המחשבות שלנו ברגע זה.

מצבי רוח הם בעצם מקבץ של מחשבות משתנות.

אנחנו יכולים לנוע באופן טבעי פנימה והחוצה ממצבי רוח ללא מאמץ. אלה הם החיים!

יש גאות ושפל ומשמעותם היא שבתום לב יש לנו עליות ומורדות במצבי הרוח.

"אנשים רבים טועים להאמין שמצבי הרוח שלהם יוצרים את מחשבותיהם;

במציאות, אלה הן המחשבות שלהם שיוצרות את מצבי הרוח שלהם." (Mis. 58)

אתם יוצרים את מצב הרוח שלכם כשאתם בוחרים אילו מחשבות יקבלו את תשומת ליבכם

ממש כמו בחירת משקפי שמש לצביעת העולם שאתם רואים.

האם אתם רואים זאת כנכון עבורכם?

לדוגמא, אתם יכולים לבחור מחשבות שיגרמו לכם...

להרגיש ירוקים מקנאה

להיראות אדומים מכעס

להרגיש עצובים וכחולים

אתם יכולים לבחור את הגוון הוורוד ולהיות במצב רוח אופטימי!

מרכז המשאבים של הפרק

השתמשו במשאבים, הפעילויות והפרויקטים המוצעים כדי לשפר את הלמידה שלכם.

- **פעילויות:** אלה נועדו עבור ציונים ו/או פיתוח יצירתיות. השתמשו בקריטריונים להצלחה!
- **רק בשביל הכיף**: תהנו מהרגשה טובה.
- **אוצר מילים חיוני**: שפרו את התקשורת.
- **נסו את זה בבית:** נסו זאת במהלך השבוע.
- **נספח ד:** "תזכורות" מעמיקות את ההבנה.
- myguideinside.com: קטעי וידאו והיצע מדיה דיגיטלית – המיועדים לכל פעילות.

פעילויות

חשבו וכתבו רשומה ביומן

כתבו מחשבות או תגובות לאחד מהרעיונות הללו, השתמשו גם במילים מאוצר המילים החיוני:

- "האקטואליות של המחשבה היא החיים." (Aristotle)
- "איש אינו יכול למסור חוכמה. מורה רק יכול להוביל אתכם אליה באמצעות מילים, בתקווה שיהיה לכם האומץ להסתכל לתוך עצמכם." (Mis. 128)

קריטריונים להצלחה: השתמשו ב"אני" [בגוף ראשון], שתפו מחשבות ורגשות, הראו תובנות והקשרים.

הגיבו לסרטון ווידאו

כתבו תגובה לסרטון הווידאו הזה ביומן שלכם. *A Quiet Mind (Length 2:29)* https://youtu.be/TQZ2w2d_aEw

קריטריונים להצלחה: השתמשו ב"אני", הביעו את הרעיונות שלכם בצורה ברורה, הראו תובנות והקשרים.

סכמו את הסיפור

סכמו את הסיפור של ליאור, באורך כשליש מהסיפור המקורי.

קריטריונים להצלחה: ציינו את הרעיון המרכזי בצורה ברורה, כללו רק פרטים חשובים, הקפידו על רצף הגיוני, מסקנה ספציפית וכללי שפה ודקדוק נכונים.

צרו יצירת אמנות

תארו חזותית חשיבה חיובית ושלילית. השוו והנגידו, לדוגמא: רכב נוסע בצורה חלקה מייצג "חיים מלאים במחשבות חיוביות" ורכב שני תקוע בבוץ מייצג "חיים מלאים במחשבות שליליות."

קריטריונים להצלחה: היו מקוריים ויצירתיים, הראו שימוש מיומן בחומרים, הביעו עצמכם בפירוט והשתמשו במרחב בצורה יעילה.

רק בשביל הכיף

✓ **תיהנו מסרטון וידאו** *Living in the Moment* Song by Jason Mraz. (Length 3:57)

https://www.youtube.com/watch?v=YUFs_1vKYlY

✓ **פרצופים מזהים** ... התבוננו לאחור בפרצופי האמוג'י. כמה מהם אתם יכולים לזהות?

אוצר מילים חיוני

חלק מהמילים הללו פשוטות יחסית. הבנתן בצורה עמוקה יותר תשפר את מיומנויות התקשורת שלכם:

אומץ – יכולת התמודדות עם אתגרים (כמו פחד, כאב, סכנה, איום, אי-וודאות...) באופן ישיר

אופטימי – חיובי, מלא תקווה

דיכאון – מצב רוח רע של עצב, מצב רוח שנגרם מחוסר תקווה

חוסר ביטחון – אי-אמון ביכולת להתמודד בהצלחה עם מצבים שונים

להסוות – להתחפש, להתחזות, להסתיר

מצב רוח – מצב נפשי הנגרם על ידי החשיבה שלי ברגע זה

נחישות - החלטיות, דבקות במטרה, הליכה עד הסוף

סיפוק – שביעות רצון, הנאה, קורת רוח, נחת רוח

ענווה – צניעות, חוסר גאווה, מבט לא מתנשא על היכולות שלנו

קנאה – מרירות, חמדנות, הרגשה מרירה מתוך רצון להיות כמו מישהו אחר או רצון לדברים, תכונות או הישגים כמו של מישהו אחר

קריקטורה – דבר מגוחך, תיאור מוגזם מבחינה קומית

רוחני – חסר צורה

נסו את זה בבית

כל המיליונים האלה! נאמר שירשתם מיליונים מקרוב משפחה אבוד. כדי לקבל את הכסף, אתם חייבים להיות במצב רוח טוב במשך שלושה ימים, תוך כדי שאתם ממשיכים בשגרה שלכם.

אתם לובשים מכשיר ניטור המתעד רגשות שליליים כמו כעס, פחד, שעמום, תסכול ועוד. אם אתם שוקעים לתוך הרגשות הללו, תקבלו אזהרה: לשנות במהירות את מצב הרוח או שתפסידו את הכסף.

תיהנו מהרעיון. הוא מראה שיש לנו יותר בחירה בנוגע לרגשות שלנו מכפי שאנחנו אולי חושבים!

פרק 3 - 'פְּגוּדִימָה' וכיפית : הזהות האמיתית שלנו

מי ומה שאנחנו בפנים זה מה שקובע! עם תובנה אחת גדולה, דוגמנית העל טיירה בנקס טבעה את המושג "פְּגוּדִימָה" – מדהימה אפילו עם פגמים – כאשר נמתחה עליה בקורת פומבית על כך שלא הייתה מושלמת פיזית.

לכולנו יש נטייה להיאחז במחשבות ביקורתיות לגבי הזהות שלנו. אנחנו נוטים להיות המבקרים הגרועים ביותר של עצמנו. שקלו כיצד התמקדות בפגמים ובביקורת עצמית מובילה לאומללות. שמתם לב שכאשר אתם מרוצים אתם לא עסוקים בלשפוט את עצמכם או אחרים? שיפוט הוא רק מחשבה. אם אתם מאפשרים לחשיבה אישית כזו לחלוף, המחשבה שלכם תתבהר. ואז קל לקבל שאתם, כמו כולם, 'פגודימים'. גם ספורטאים משתמשים בידע זה כדי להיות ב-"*zone*".

פועלות כאן סיבה ותוצאה הגיוניות: מחשבות שליליות יוצרות רגשות שליליים ומחשבות חיוביות יוצרות רגשות חיוביים. רצון חופשי פירושו שאתם בוחרים אילו מחשבות זוכות לתשומת ליבכם. יש הפוגה קומית בגילוי שהכל בראש. לדוגמא, אתם עשויים לחשוב שכולם צופים בכם, אבל לעיתים קרובות, כמו כולם, אתם פשוט מדמיינים את הקהל. נערה אחת שיתפה: "אני חווה תובנות כל הזמן – גדולות וקטנות. אני רואה דברים קרוב יותר לאיך שהם באמת, וזה פשוט כל כך מגניב. זה יגרום לכם להרגיש כל כך מאושרים וכל כך חופשיים. אני מוקירה רגעים כאלה, שבהם אני באמת רואה ללא פילטר. אני מוצאת שרגעים כאלה שווים את כל הטירוף."

פרק זה מעמיק את הבנת העקרונות על ידי חשיפת החוכמה הפנימית שלכם והצבעה על זהותכם האמיתית. המיקוד הוא בקשר ההגיוני של סיבה ותוצאה בין החשיבה האישית לרגשות, ועל הכוח שלכם לבחור להיאחז במחשבה או להרפות ממנה.

הסיפור של דנה

חברו בין מה שאתם קוראים לבין איך שאתם תופסים את הזהות שלכם.

כשהטלפון צלצל, הוקל לה. לא התחשק לה להתאמן היום.

דנה סיימה את שיחת הטלפון עם מצב רוח שונה לחלוטין. היא הייתה נרגשת! היא הוזמנה לדייט! דייטים היו נדירים עבור דנה מכיוון שלמרות שלא הבינה זאת, החבר'ה ראו אותה "כבלתי מושגת" או "מעל לליגה שלהם."

הדייט היה עם גיל, חבר של בן דודה רועי. היא פגשה אותו בכנס משפחתי לפני שנתיים.

גיל הגיע לעיר כמאמן קבוצת שחייה והיה לו זמן פנוי. דנה חשבה בכמיהה כמה כיף היה לה בקיץ ההוא איתו ועם בן דודה. החיים היו כה פשוטים אז! הם סיכמו להיפגש בחוף למחרת. הם ילכו לשחות ולנשנש משהו באחד מבתי הקפה.

∞

דנה הבחינה בגיל מיד. היא הרגישה קצת מבוישת ללכת לקראתו, אבל הוא התקרב ונתן לה חיבוק גדול. היא נהנתה מכמה נינוח היה. הם זרמו לתוך שיחה נוחה ופתוחה.

גיל באמת התעניין בשגרת חייה. פניו נדלקו כשסיפר לה כמה נהדרים היו "ילדיו" בנבחרת השחייה למרות התעלולים השובבים שלהם.

"אני יכול לצחוק על זה עכשיו, אבל במשך זמן מה הייתי ממש לחוץ שהם לא מספיק רציניים. רק לפני שהתחילה עונת האימונים, הבנתי שהנחתי למחשבות שלי על הפסדים להוציא את הכיף מכל העניין – לא רק שלי, אלא גם של הילדים."

לדנה היה מוניטין של נערה שנראית ממש מעולה. מאז חטיבת הביניים המראה שלה היה חשוב לה מאד והיא עבדה קשה לטפח אותו. היא פיתחה שגרת יופי וכושר מורכבת, ולמרות שכבר נחשבה מושכת במיוחד על ידי בני גילה, היא חשה צורך עז לשמור על המשטר שלה מדי יום. היא עשתה זאת גם כשהייתה לחוצה בזמן או כשיכלה לחשוב על דברים טובים יותר לעשות.

דנה הרגישה מבולבלת. לפעמים רצתה להיות רגועה יותר כדי שתוכל להשתלב וליצור חברויות טובות. כשהייתה בבית, הייתה לכודה במחשבות מציקות להמשיך לנסות ולשפר את המראה שלה. זה היה כאילו שום דבר אחר לא היה חשוב, כאילו הופעתה בלבד קבעה את זהותה בחיים.

יום אחד, כשדנה התחילה את אימון אחר הצהריים שלה, היא חשה שפניה מתחממות – אבל לא מהתרגילים. היא נזכרה באירוע מביך שקרה באותו היום. עופרי, נערה שכמעט לא הכירה, החמיאה לה על איך שהיא נראית "בכושר". במקום להודות לה, דנה החלה להתלונן על ירכיה "הלא-מושלמות." "אני מתאמנת כל כך קשה, וזה בקושי משנה."

"הירכיים שלך?" קראה עופרי. "אוי בחייך! פשוט תסכלי על שלי!" עדיין מרגישה לא מרוצה, דנה ענתה, "הירכיים שלך בסדר בשבילך!" עיניה של עופרי התרחבו. "את מתכוונת שהירכיים הלא-מושלמות שלי תואמות את שאר המראה הלא-מושלם שלי?" לפני שדנה הספיקה לענות, עופרי יצאה בסערה החוצה.

כשנזכרה באירוע, דנה ייחלה להיות מסוגלת להרגיש מרוצה וקלילה יותר. היו כל כך הרבה דברים שיכלה לומר לעופרי במקום להתלונן ולהישמע כל כך שלילית. המחשבות שלה התפוגגו כשהיא התרכזה במה שעשתה.

לאחר עצירה במלתחות, דנה פנתה לכיוון המים, מחשבותיה התרכזו שוב במראה שלה. היא הרגישה מעט לא נוח כשחשבה שאנשים בחוף מתפעלים מהמראה שלה ובכל זאת הלכה למען "הקהל" שלה.

גיל חיכה ליד המים. היה כיף להיות איתו והוא נתן לה טיפים טובים לגלישה. דנה תפסה כמה גלים טובים בלי בעיה. היא חשבה שעלתה על הגל!

לרוע המזל, לפני ששמה לב, היא הייתה בתוך גל. המים הסוערים הקפיצו אותה עד כדי כך שלא היה לה מושג איזה צד למעלה. היא נבהלה, דמיינה את כולם על החוף מסתכלים עליה, ותפסה את בגד הים שלה בשתי ידיה. באותו רגע היא חשה שפניה נדחפים לתוך החול והצדפים כשגל נוסף שטף אותה וגלגל אותה חזרה לתוך הים.

דנה הרגישה מושפלת. פניה בערו והיא כעסה על עצמה על כך שדאגה למראה שלה במקום להגן על עצמה כפי שגיל הדריך אותה. הוא רץ לעזור לה והיה נחמד ואמפטי, אך לא יכול היה שלא לצחוק מעט למראה פניה החבוטים. דנה כאבה אך מצאה שהחום של גיל מפיג את כאבה והחלה לחייך למרות מה שהרגישה.

גיל אמר, "אף אחד לא מושלם ועכשיו את פְּגוּדִימָה כמו כולנו! דנה הנידה את ראשה והביטה בו בשאלה: "מה אמרת שאני?"

את יודעת – פְּגוּדִימָה. מדהימה, אפילו עם פגמים!" הוא גיחך. "הפנים שלך יחלימו, ובכל מקרה," הוא הרגיע אותה, "מי ומה שאת בפנים זה מה שקובע."

כשגיל עזר לנקות את החול מפניה, דנה החלה להירגע ולהבין להפתעתה שהיא מרגישה טוב יותר מכפי שהרגישה במשך זמן רב.

∞

דנה הסתקרנה וביקשה לשמוע עוד. "מה שינה את הגישה שלך?"

"הייתה לנו השתלמות צוות ולמדנו על שלושה עקרונות שפועלים יחד ויוצרים את חווית החיים שלנו."

"לכל אחד מאיתנו יש מצפן פנימי שמדריך אותנו להשתמש בחוכמה באותם עקרונות. כשהבנתי שאני משתמש **בעקרון המחשבה** בכדי ליצור תחושה מלחיצה לעצמי ולקבוצה שלי, נקודת המבט שלי השתנתה. המחשבות המלחיצות שלי התפוגגו והתחלתי ליהנות מהכל הרבה יותר. הילדים למעשה נרגעו והשתפרו בתחרויות ברגע שאני נהייתי קליל יותר."

גיל ניזכר בקטע מתוך אחד הספרים שלמד: "כאשר תתחילו לראות את כוחה של **המחשבה**, ואת הקשר בינה לבין האופן שבו אתם מבחינים בחיים, תבינו טוב יותר את עצמכם ואת העולם שבו אתם חיים" (Mis. 52)

הוא ציין: "לא הבנתי עד כמה שפטתי את החסרונות שלי, מה שהוביל למורת רוח רבה. בחנו דוגמאות רבות במהלך ההשתלמות. גיליתי שיש לי נטייה להשוות את עצמי לאחרים בניסיון להפוך למאמן מדהים שהקבוצה שלו לא מפסידה אף פעם."

"וואו, זהו רף בלתי אפשרי לעמוד בו!"

"את מספרת לי! אבל את יודעת, הופתעתי לגלות שזה רגיל למדי שאנשים הופכים לאסירים של המחשבות שלהם. עם זאת, ברגע שרואים את זה, הפתרון הוא פשוט."

"הממם..." השיבה דנה.

גיל גילה את הרווחה האישית שנמצאת באופן טבעי בתוך כל אחד מאיתנו. הוא הסביר: "את לא צריכה לעבוד בשביל זה; המפתח הוא להקשיב לקול הפנימי שלך. עכשיו אני רואה מה המשמעות האמיתית של להיות ב-zone!" דנה אהבה את הדרך הקלילה בה גיל דיבר על מה שלמד.

חשיבתה של דנה התבהרה כשסקרה את המים המנצנצים ואת השמיים הכחולים והצלולים והייתה לה תובנה. היא ראתה את ההיגיון של איך שיצרה בתום לב בעיות עם כל המחשבות המוטעות שלה לגבי המראה שלה. היא מנעה

מעצמה את האושר שלה! היא הבינה למה התכוון גיל כשאמר שאנשים מחזיקים את עצמם "שבויים" בחשיבה שלהם. ברור שהיא באמת רצתה להיות חברה טובה וליהנות עם אנשים, אפילו אם זה אומר לצחוק על עצמה ולא להיראות במיטבה.

כמה חודשים אחר כך, גיל ודנה נפגשו שוב במפגש משפחתי גדול בביתו של רועי. הם צחקו צחוק מהדהד על היום שבו פניה "הכו את החוף"!

עכשיו כשהיא מחוברת יותר לזהות האמיתית שלה – "מי ומה שהיא בפנים," דנה עדיין שומרת על שגרת יופי וכושר, אבל עם הרבה פחות תשומת לב. היא יודעת שהיא בסדר והיא מאושרת. היא אסירת תודה על כך שעולמה נפתח, ושהיא באמת *רואה* את הסובבים אותה, במקום לדאוג ש"הקהל" ישפוט אותה. אחרים חושבים שדנה נגישה וידידותית. אגב, דנה יצאה מגדרה להשלים עם עופרי, ומאז הן הפכו לחברות הכי טובות.

בואו נדבר על התמונה הגדולה.

ההיגיון של מחשבות שליליות המחזיקות אותנו כ"אסירים" תמיד זהה. כיצד ההיגיון בסיפור של דנה מוכר לכם?

כיצד האמירה הבאה קשורה לחוויה שלכם? "שיפוט מגרעותיכם או מגרעותיהם של אחרים מוביל לאומללות. תודעה שאינה שופטת היא תודעה מאושרת." (Mis. 118)

הרהורי נעורים: איך הם נשמעים לכם? האם אתם מזדהים איתם?

"אנחנו מכניסים את עצמנו למצבים דביקים באופן לא מודע והופכים את חיינו לכואבים וקשים שלא לצורך. התודעה של דנה התבהרה והיא חוותה את מה שבאמת קרה. באופן טבעי היא הרגישה שמחה ומרוצה. אני חווה תובנות כאלה כל הזמן – גדולות וקטנות. אני רואה דברים קרוב יותר לאיך שהם באמת, וזה ממש מגניב. זה יגרום לכם להרגיש כל כך מאושרים וכל כך חופשיים. אני מוקירה רגעים כאלה, שבהם אני באמת רואה ללא פילטר. אני מוצאת שרגעים כאלה שווים את כל הטירוף."

סיבה ותוצאה

ההיגיון של סיבה ותוצאה חל על כולם. כשדנה שפטה את עצמה, היא חשה לא מסופקת. "כאשר התודעה שלנו מלאה במחשבות שליליות, סיבה ותוצאה שולטות וייוצרות רגש שלילי." כשדנה גילתה את הזהות האמיתית הטבעית שלה, היא הרגישה סיפוק ואפילו אושר. "כאשר התודעה שלנו מלאה במחשבות חיוביות, סיבה ותוצאה שולטות, והתוצאה היא רגש חיובי." (Mis. 111)

ברגע שתהיו אסירי *תודה*, סורגי הכלא של תודעתכם יקרסו.
שקט נפשי וסיפוק יהיו מנת חלקכם."(Mis. 131)

מרכז המשאבים של הפרק

השתמשו במשאבים, הפעילויות והפרויקטים המוצעים כדי לשפר את הלמידה שלכם.

- **פעילויות:** אלה נועדו עבור ציונים ו/או פיתוח יצירתיות. השתמשו בקריטריונים להצלחה!
- **רק בשביל הכיף:** תהנו מהרגשה טובה.
- **אוצר מילים חיוני:** שפרו את התקשורת.
- **נסו את זה בבית:** נסו זאת במהלך השבוע.
- **נספח ד:** "תזכורות" מעמיקות את ההבנה.
- myguideinside.com: קטעי וידאו והיצע מדיה דיגיטלית – המיועדים לכל פעילות.

פעילויות

חשבו וכתבו רשומה ביומן

כתבו מחשבות או תגובות לאחד מהרעיונות הללו והשתמשו גם במילים מאוצר המילים החיוני:

"שיפוט מגרעותיכם או מגרעותיהם של אחרים מוביל לאומללות. תודעה שאינה שופטת היא תודעה מאושרת." (Mis. 118)

"החיים חשובים מדי מכדי שייקחו אותם ברצינות." (Oscar Wilde)

קריטריונים להצלחה: השתמשו ב"אני" [בגוף ראשון], שתפו מחשבות ורגשות, הראו תובנות והקשרים.

הגיבו לסרטון ווידאו

צפו בשני הסרטונים הללו וכתבו תגובה לאחד מהם ביומן שלכם:

Three Principles and Coaching (Length 6:51):
https://www.youtube.com/watch?v=zPqE5UzcrcI&t=7s

Jenny, personal story (Length 4:21): https://www.youtube.com/watch?v=1y5DU0YlVQ0

קריטריונים להצלחה: השתמשו ב"אני"[בגוף ראשון], הביעו את הרעיונות שלכם בצורה ברורה, הראו תובנות והקשרים.

צרו רשימת חוויות בריאות

חשבו על חמש דרכים להעביר את הזמן מבלי לשפוט את עצמכם - דונו בחמש חוויות בריאות בהן אתם לא שופטים את עצמכם. חשבו על אפשרויות והזדמנויות בריאות חדשות. יש כל כך הרבה דברים שאתם יכולים לנסות, חלקם בפעם הראשונה. כתבו פסקה וצרפו תמונה לכל אחת מחמש הדוגמאות. כללו שורה אחרונה חזקה, אולי הומוריסטית.

קריטריונים להצלחה: היו מקוריים, הביעו רעיונות בצורה ברורה, ועשו שימוש בדימויים לחיזוק הטקסט. השתמשו בכללי שפה ודקדוק נכונים, כולל שורה אחרונה עוצמתית.

עדכנו את עמוד הפרופיל

עדכנו את עמוד הפרופיל של דנה, עכשיו שהיא כבר לא אסירה של החשיבה שלה לגבי המראה שלה. בפסקה, כללו שניים-שלושה רעיונות לכל אחד מאלה: עדכון סטטוס, חברים, אירועים חשובים והעדפות.

קריטריונים להצלחה: היו מרתקים, ייחודיים, השתמשו בשפה ברורה עם כללי שפה ודקדוק נכונים.

צרו יצירת אמנות

ציירו תמונה של כל מה שאתם רואים באופן אישי בסיפור. זה יכול להיות כל דבר. מה עולה על דעתכם?

או שתצרו תמונה של משהו שנפתח... כלוב, דלת, פרח, ספר או כל דבר אחר שיסמל שיחרור מכלא המחשבות השליליות.

קריטריונים להצלחה: היו מקוריים ויצירתיים, הראו שימוש מיומן בחומרים, הביעו את עצמכם בפירוט והשתמשו במרחב בצורה יעילה.

רק בשביל הכיף

✓ **תיהנו מסרטון וידאו** *Everything is Sound* Song by Jason Mraz. (Length 4:46)
https://www.youtube.com/watch?v=6cmMYouVsXg&list=PL88534134DDA83D46&t=58s

✓ **צרו דירוג לחברות...** צרו שני "דרוגים לחברות" עבור דנה: אחד עבור תחילת הסיפור ואחד עבור סוף הסיפור.

דרוגים לחברות: 3 טוב 2 ממוצע 1 חלש האם ראיתם שינוי כלשהו?

דרגו את דנה בתחילת הסיפור:

ישרה	1 2 3	אהודה	1 2 3	תומכת	1 2 3
נעימה	1 2 3	הוגנת	1 2 3	אופטימית	1 2 3

דרגו את דנה בסוף הסיפור:

ישרה	1 2 3	אהודה	1 2 3	תומכת	1 2 3
נעימה	1 2 3	הוגנת	1 2 3	אופטימית	1 2 3

איך אתם מדרגים את "החברותיות" שלכם? זכרו שאנחנו מתפתחים ללא הרף!

✓ **חשיבת יתר, מישהו?** ... כולנו נוטים לעיתים קרובות להתמקד בעצמנו יותר מדי. אנחנו חושבים על מי שאנחנו, מי אנחנו חושבים שאנחנו צריכים להיות, מה אחרים חושבים עלינו, ואנחנו חושבים על מי שאנחנו חושבים שאחרים חושבים שאנחנו צריכים להיות. מבלבל רק לקרוא את זה, נכון? הרגל אישי זה של חשיבת יתר מוביל לבלבול ואומללות. אבל יש דרך החוצה! כמו דנה, אתם יכולים לחוות תודעה צלולה באופן טבעי. צלילות נפשית מובילה להרגשה חיובית. אתם לא צריכים לעשות דבר. הידיעה הזאת והאושר הזה נמצאים בתוככם כל הזמן.

✓ **אתנחתא קומית** ... לכו על הומור. כתבו שתיים-שלוש שורות על דמות דמיונית עם נקודת מבט עצמית מנופחת. אז השלימו את המשפט הזה על הדמות הדמיונית, מנקודת מבטה: "למרבה המזל, ______." קמטו את הנייר שלכם לכדור שלג. זרקו אותו למישהו אחר בקבוצה. תפסו כדור אחר והחליקו את הדף. השלימו את המשפט "למרבה הצער, ______." חזרו על התהליך הזה. לבסוף קראו בתורות את יצירות הקבוצה בקול רם.

כיצד חוסר הבנת **כוח המחשבה** ופעילות כדור השלג הזה דומים?

אוצר מילים חיוני

חלק מהמילים הללו פשוטות יחסית. הבנתן בצורה עמוקה יותר תשפר את מיומנויות התקשורת שלכם.

אמפטיה – יכולת להבין רגשות של אחרים

אשליה – אחיזת עיניים, תעתוע, רושם מוטעה

גורם – סיבה

דימוי עצמי – הרעיון שיש לנו על עצמנו

הגינות – צדק ורגישות לצרכים של אחרים

היגיון – שכל ישר, משמש לחיזוי תוצאותן של פעולות

השפעה - תוצאה

חיובי – טוב, שימושי

חשיבות עצמית – תחושה מוגזמת של החשיבות שלנו

להשפיל – לפגוע בכבודם של אחרים

לחץ – הרגשת דחיפות, מתח

מוטעה – שיפוט או מסקנות לא נכונות

מסופק – שבע רצון, מרוצה

פְּגוּדִימָה – פגומה ומדהימה

שלילי – רע, לא רצוי

נסו את זה בבית

חקרו את ההיגיון של כלל הסיבה והתוצאה על עצמכם! שימו לב מתי בחייכם אתם חווים מחשבות שליליות שיוצרות רגשות שלילים או מחשבות חיוביות שיוצרות רגשות חיוביים. לאורך השבוע, שימו לב לתובנות שעולות בכם במהלך הניסוי הזה.

פרק 4 – החיים מתקיימים בהווה, החיים בעבר הם אבק

לאנשים רבים התחלה קשה בחיים בגלל נסיבות שמעבר לשליטתם. הם עשויים להרגיש מבולבלים וכועסים, מתוך מחשבה שאין להם ברירה אחרת. "ככה החיים תמיד יהיו בשבילי."

האם אי פעם התייחסו אליכם באמפטיה וחמלה? מה קרה?

מערכת יחסים אכפתית יכולה לגרום לסדק בשריון אפילו של בני הנוער הקשוחים ביותר החיים עם פחד וחוסר אמון. אפילו רק פתח זעיר מכין כל אחד לתובנה לגבי היופי של העצמי האמיתי שלהם, שהוא תמיד בריא ולא פגום. אלה שעברו תקופות קשות ומקבלים את המבט החדש הזה על עצמם הם חופשיים ואסירי תודה. הם מוצאים חוכמה פנימית והופכים בהכרח לדוגמא עוצמתית ומנטורים לאחרים.

***המדריך הפנימי** שלנו עוזר לכולנו לראות את החיים מנקודת מבט ניטרלית, בטוחה ומלאה בחוכמה ושמחה. כמו שנער אחד אומר: "אין לנו את הכוח לבחור את החיים שאנו נולדים לתוכם, אבל יש לנו את הכוח ליצור את חווית החיים שלנו... החיים הם פסנתר ... יש לכם הזדמנות לכתוב את המוסיקה שלכם. המחשבות שלכם יוצרות את סיפור חייכם. אתם המלחינים. בחרו את התווים שלכם בחוכמה!"*

פרק זה מדגיש שיש לנו את היכולת האנושית הטבעית לאינטואיציה ולתובנות, המגבירות את הרווחה האישית. המיקוד הוא בגילוי שנסיבות קשות אינן קובעות את חווית החיים וכי מערכות יחסים איכפתיות עשויות לעודד תובנות משנות-חיים אצל אחרים.

סיפורו של דותן

דמיינו תמונות כדי להשיג הבנה.

נכס עבור המשפחה. היא זו שעבדה שעות ארוכות כמלצרית כדי לשלם את שכר הדירה ולשים אוכל על השולחן. היא הייתה מותשת מנישואים לגבר שהתעניין יותר בבקבוק מאשר בה, והיא גידלה שני בנים ללא תמיכה.

תמר שנאה מאוד לצעוק על דותן וירדן, אבל היא לא ידעה מה עוד לעשות. הגדול תמיד נבעט מבית הספר, נכשל בכל נושא והיה אלים כמו חולדה. היחיד שאי פעם דותן גילה כלפיו חסד כלשהו היה אחיו הקטן. והוא! אם דותן היה חולדה, ירדן היה חפרפרת. תמיד נראה זועף, כל כך שקט עד שמורה אחת שלחה פתק הביתה לשאול אם הוא אילם. הוא לא הסתבך בבית ספר כמו דותן, אבל הוא בקושי למד. אף אחד מהם מעולם לא עזר בעבודות הבית אלא אם כן איימה עליהם שוב ושוב. היו לילות בהם פשוט בכתה עד שנרדמה, ואז נזפה בעצמה בבוקר על חולשתה.

יום אחד בשעות אחר צהריים בעבודה, תמר קיבלה שיחת חירום. דותן היה במעצר. ברגע שהמשמרת שלה הסתיימה היא מיהרה לתחנת המשטרה. כשהיא מביטה בבנה אזוק באזיקים, היא שמעה את הסיפור.

בדרך הביתה, ראה דותן ילד גדול יותר מטריד את ירדן, דוחף אותו וקורא לו בשמות. דותן קפץ על הילד, הפיל אותו לרצפה והתחיל להכות את פניו. על פי העדים, נראה שדותן איבד שליטה וכמעט יצא מדעתו. הוא התחיל לחנוק את הילד ולא הפסיק אפילו כאשר הקורבן איבד את הכרתו.

למרבה המזל, מאמן הכדורגל של בית הספר ראה את המתרחש ועצר את מכוניתו. הוא משך את דותן לאחור, ריסן אותו וקרא למשטרה.

צרחות רוויות כעס פרצו דרך קיר חדר השינה הדק, ואחריהן צעקות עוקצניות. דותן טולטל מחלום עמוק.

"תשתקו," הוא חשב בלהט. "תשתקו! תפסיקו!"

דותן הרגיש שהמיטה רועדת ופנה אל אחיו הקטן שלצידו. זרועותיו הצנומות אחזו בחוזקה כרית מעל אוזניו וגופו הקטן רעד בבכי.

"ירדן, זה בסדר." דותן הושיט יד וליטף את גבו של אחיו. "זה בסדר," הוא חזר. ירדן התקרב אליו, זרוע אחת עדיין מנסה לחסום את הרעש עם הכרית שלו, והוא קבר את פניו בחזהו של דותן. שני הילדים התכווצו עם כל צעקה חדשה, עם כל התנפצות של חפץ שנזרק ונשבר. הם נאחזו זה בזה עד שדלת הכניסה סוף סוף נטרקה. השחר כמעט עלה לפני שדותן נרדם שוב.

יום הלימודים הבא היה כמו כל האחרים. דותן הרגיש שהמורים בוהים בו, מחפשים כל תירוץ להעיף אותו לחדר המנהל. לא היה לו שום עניין בנושאים המטופשים שהם ניסו לדחוס לראשו. לאף אחד מהם לא היה שום קשר לחיים האמיתיים.

הילדים האחרים עלו לו על העצבים. היו שהרגיזו אותו בכוונה. הוא שנא את הקבוצה הפופולרית, חיות המחמד של המורים והסנובים שצחקו עליו והשפילו אותו. כולם גילו כמה מסוכן להתעסק עם דותן. הוא הושעה פעמיים בגלל מריבות. הוא שמח לקבל שבועיים חופש – זה היה כמעט שווה את מכות העונש שקיבל בבית בגלל זה. אנשים פחדו ממנו עכשיו והוא חשב שזה טוב.

∞

ככל שחלפו השנים, המצב החמיר. כשלדותן מלאו שש עשרה, אביו נעלם. אימו תמר אמרה: "ברוך שפטרנו מהזבל הזה." היא הרגישה שאביו, יהודה, מעולם לא היה

בשלב זה, מערכת המשפט לנוער השתנתה. המחנה בו דותן שהה נסגר והוא הועבר למרכז כפרי חדש.

∞

שם, שני נערים ישנו בכל חדר והיה שם גם חלון. הפעילות נערכה בקצב מתון יותר. המטלות היו פחות מענישות. אנשי הצוות השתמשו בהיגיון ולא בכוח והפחדה. האווירה הייתה פחות מתוחה. דותן לא היה צריך 'לשמור על גבו' באותה מידה.

במרכז הזה, הדיירים בחרו בין השתתפות בשיעורי בית ספר רגילים במהלך היום לבין מטלות יום ולמידה לבחינות הבגרות עם מתרגלים בערבים. דותן שנא את בית הספר ולכן הרעיון לגשת לבחינה במקום ללכת לשעורים דיבר אליו. כשהוא חזר לחדרו מבניין הלימודים בלילה, הוא ראה לראשונה את מרחבי השמיים, כהים ואינסופיים, מלאים באלפי כוכבים נוצצים.

בכל יום הוא נדרש לעבוד בחוץ – לחפור ערוגות בגינה, לשתול זרעים, להשקות ולנכש עשבים שוטים. כשהזרעים שלו החלו לצוץ מהאדמה, הוא חש התרגשות בלתי צפויה.

מדי פעם, כשעבד עם ידיו באדמה, השמש חמימה על גבו, ומשבי רוח מקררים את עורו, הקשר ההדוק בבטנו של דותן התרופף קצת. הוא קיבל הצצה למשהו שכמעט לא הכיר – תחושת שלווה. הוא חשב על ירדן והשתוקק לחלוק איתו את התחושה הזאת.

לאחר חודש, נדרש דותן להשתתף בפגישות קבוצתיות דו-שבועיות עם מדריכה בשם אנג'לה. הוא לא ידע איך 'לאכול אותה'. היא נראתה זוהרת מדי, מאושרת מדי. הוא שיער שהיא בטח מבוגרת ממנו אבל לא בהרבה. האופן בו דיברה והתנהגה, או שהייתה בורה לחלוטין או מזויפת לחלוטין. אין מצב שהיא הולכת ללמד אותו משהו.

כשזרועותיו שלובות חזק על חזהו, דותן נשען עם כסאו

בשימוע, תמר נקרעה בין צער, בושה והקלה על כך שדותן נשלח לכלא. בנסיעה הביתה באוטובוס, ירדן ישב כמו אבן לצד אמו.

∞

דותן פקח את עיניו ובהה באריחי התקרה הסדוקים בתא המשותף במרכז המעצר. גבו כאב מהקפיצים המבצבצים מתוך המזרן הגלי. הוא שמע את חברו למיטת הקומתיים נוחר למטה, ואת הבחורים בשאר הדרגשים נושמים ונושפים.

תוך שהוא מתבונן באפרוריות העגומה, דותן לא חש דבר. הוא היה במקום שכולם אמרו לו שאליו יגיע בסופו של דבר – זו לא הייתה הפתעה. משהו כרסם בקרקעית בטנו, אך הוא סירב להכיר בכך. אינסטינקטיבית הוא ידע שאסור לפחד במקום הזה – להראות פחד יהיה הזמנת אכזריות. הוא עצם את עיניו וקיווה שירדן יהיה בסדר בלעדיו.

השבועות הראשונים היו מחנה טירונות אינטנסיבי עם אימונים יום יומיים, עבודה פיזית קשה והשפלות מתמידות מסוהרים הצועקים באגרסיביות. דותן היה רדום. הוא למד מיד שתגובה תגרור ענישה מהירה וקשה, אז הוא החניק את הדחפים שלו. הוא הרגיש חולה כל הזמן. כלפי חוץ הוא הסתגל לתוכנית, אבל בפנים הוא בעבע מכעס וממחשבות נקמה.

הוא ישב מאחור, ממש מחוץ למעגל, והתבונן. הוא האזין לאנג'לה קוראת מתוך *החוליה החסרה*. הוא הופתע שאותה תחושה חזקה שחווה מקריאתו בכוחות עצמו כאילו מילאה את החדר. זה היה כמעט מוזר שהייתה שלווה כזו. אנג'לה המשיכה:

"מחשבותיכם הן כמכחולו של הצייר. הן יוצרות תמונה אישית של המציאות בה אתם חיים. מחשבה, בדומה להגה של ספינה, מנווטת אותנו אל הביטחון של הים הפתוח או אל אבדון החופים הסלעיים." (Mis. 56)

משהו הכה בדותן. תחושה חדשה הביאה אותו עד דמעות. אולי הוא לא נועד לאבדון החופים הסלעיים לנצח. הוא לא הבין לגמרי מה המשמעות של כל זה, אבל איכשהו, הוא חש לראשונה שביב של תקווה.

בזמן שחברי הקבוצה דיברו, דותן בקושי יכול היה להאמין למשמע אוזניו. הם אמרו דברים שמעולם לא שמע ילדים אומרים. אלה היו חבר'ה כמוהו, חבר'ה שבדרך כלל דיברו בצורה קשוחה. אבל הילד הגדול בעל המראה המחוספס הזה אמר לכולם שהוא מרגיש סליחה לאנשים שנהג לשנוא!

אנג'לה אמרה משהו על כך שמבחינה פסיכולוגית כולם חפים מפשע – הם עשו את המיטב שיכלו לעשות, בהתחשב באופן בו ראו את החיים. פשוט היה משהו שעוד לא הייתה להם הזדמנות לגלות. דותן הניד בראשו וחשב: "בחייך! אם היינו חפים מפשע, מדוע כולנו נעולים כאן?" כל העניין הזה לא היה הגיוני כלל. אולם עדיין...

משהו בהרגשה בחדר נגע בדותן. הוא הבחין שילדים מכנופיות יריבות משוחחים יחד וצוחקים כחברים. הוא חש שאנג'לה מביטה בו באופן שאיש לא הביט בו מעולם פרט לירדן. זה היה מבט של קבלה טהורה ללא שיפוט.

בהדרגה, דותן נעשה מעורב יותר. למעשה, הוא החל לצפות לפגישות ופיתח חברויות שהפכו את ימיו לפחות

על הקיר כשרגליו הארוכות נמתחות כדי לאזן את משקלו. עיניו כחריצים כשהתבונן בבנים האחרים במעגל משחקים איזה משחק טיפשי... משהו שקשור בניחוש חלקים משירים, ובחירת המוסיקה האהובה על הקבוצה. הוא חסם בכוונה את קולה של אנג'לה כשנתנה הוראות. לא היה לו מושג על מה כולם צוחקים.

אחרי שהמשחק הסתיים והצחוק שכך, אנג'לה קראה מספר קטן והבנים נרגעו: "המחשבות שלנו הן מצלמה, העיניים שלנו הן העדשה. חברו ביניהם והתמונה שאנו רואים היא מציאות." (Mis. 55)

המילים האלה פשוט בלבלו את דותן. "עוד משחקים," הוא אמר לעצמו, והפסיק להקשיב. כשהקבוצה התפזרה, הוא קם ופנה היישר אל הדלת.

"דותן," קראה אליו אנג'לה. הוא עצר, אבל לא הסתובב. היא התקרבה אליו ונעמדה לצדו, נגעה בזרועו ונתנה לו עותק של הספר ממנו קראה, *החוליה החסרה*, מאת סידני בנקס. "תודה שבאת."

"כאילו הייתה לי ברירה," דותן חשב לעצמו.

הספר שכב סגור על השולחן הקטן שלצד מיטתו במשך מספר ימים. ואז, לילה אחד, הוא הרים אותו והחל לקרוא. הוא היה עייף מהעבודה בחוץ ואולי זה אפשר למשהו לחדור אליו. תחושת רוגע אפפה אותו בזמן שקרא. למרות שלא ממש יכול היה לזכור שהרגיש כך בעבר, היא הייתה איכשהו מוכרת ומנחמת. הוא נמשך לקרוא מהספר מספר קטעים כל לילה. זה תמיד עזר לו להרדם.

בשבוע שלאחר מכן, דותן נכנס לקבוצה באחור של חצי שעה. הבנים צחקו כשסיימו עוד אחד מהמשחקים של אנג'לה. הוא ציפה לחלוטין לקבל נזיפה ולהיות בצרה גדולה, אבל נראה שאנג'לה אפילו לא הבחינה בכך. במקום לנזוף בו, היא פשוט חייכה ואמרה: "הי דותן."

∞

הפעם דותן לא חש צורך להשעין את כיסאו על הקיר.

אנחנו ממשיכים להאשים, אנחנו מוסרים שליטה על חיינו לאנשים אחרים, לנסיבות ולעבר. האשמה היא רק מחשבה המונעת מאיתנו את האושר שלנו."

דותן מעולם לא שמע רעיון כזה לפני כן. במשך הימים הבאים, הרעיון המשיך לחזור אליו. הוא החל להבחין בנטל האשמה שנשא כלפי אמו, אביו, מוריו, בני גילו ובעיקר כלפי עצמו.

בסוף היום, כששכב במיטתו, הוא פתח שוב את *החוליה החסרה*. המילים הרגישו כאילו נכתבו במיוחד בשבילו, בדיוק לרגע הזה בחייו:

"כאשר אתם לומדים לסלוח לאלה שפגעו בכם בעבר, אתם מטהרים את תודעתכם ומביאים הרמוניה לחייכם.

אתם מאפשרים לעצמכם לראות את *מה שיש* במקום את *מה שאין*.

מה שאין... *אלה החיים כפי שהם נראים דרך זיכרונות מעוותים.*

מה שיש... *הם החיים כפי שהם נראים באמת ברגע הזה, נקיים מכל שקר*."(Mis. 112)

המילים הדהדו, נגעו אי שם עמוק בפנים והוא נסחף לשינה. דותן התעורר כשהוא מרגיש רענן באופן מוזר.

בודדים. היה לו כיף לבעוט בכדורגל או לקלוע סלים. הוא הבין שמלבד ירדן, מעולם לא היה לו חבר אמיתי. עולמו היה תחרויות, מריבות והגנה עצמית. עכשיו, איכשהו, הוא החל להרפות מהמגננות שלו, וזה הרגיש מוזר אך טוב.

באחת הפגישות, ילד בשם טוביה החל לערוך רשימה של כל אלה שהיו אשמים בכך שהיה שם. הוא תיאר איך המשפחה שלו איכזבה אותו, איך אלה שקרא להם חברים השתמשו בו, ואיך המורים שלו ניסו להפליל אותו. קולו של הנער נעשה יותר ויותר מריר וכעוס. כשסיים, הייתה הפוגה.

ואז, בעדינות רבה, אנג'לה שאלה: "טוביה, מישהו פוגע בך ברגע זה?"

הנער נראה מבוהל. הוא ענה באיטיות: "לא."

היא הביטה בו בחביבות טהורה ופניו החלו להירגע.

המדריכה המשיכה: "כל כך קל להאשים. אבל אתה יודע מה ההתמקדות באשמה עושה לנו? תחשוב על זה."

לאחר שתיקה, טוביה הודה: "היא דואגת שנמשיך להרגיש מחורבן."

היא רכנה קדימה לעברו. "בדיוק, הבנת את זה! כל עוד

שהמחשבות שלנו באופן טבעי הופכות לחיוביות יותר, חיינו נעשים יפים יותר."

דותן התגלה כמשכין שלום, מפזר מריבות עם צחוק והיגיון בריא. לפעמים כשחשב על בית המעצר הראשון, זה נראה לו כמו חיים של מישהו אחר.

עכשיו הוא היה ממש אסיר תודה. מה שהתחיל כעונש קשה הפך למתנה. עם שחרורו, חברי הצוות יכלו לראות את השיקום האמיתי שלו.

∞

בבית, דותן הופתע מרגשות שונים מאד כלפי כל דבר. הוא עדיין חש חיבה עמוקה לאחיו, אך היא הייתה רגועה יותר. הוא לא דאג לו יותר. בעבר, נהגו לשוחח על כמה החיים לא הוגנים. הם התלוננו וזממו נקמה. כעת, כשירדן אמר שילד היה אלים כלפיו, דותן הסביר שכשאנשים מתנהגים באלימות, הם בעצם אומללים, אבודים במחשבות השליליות והפחדים שלהם.

"הייתי אמור לדעת!" דותן צחק. "אם אתה מבין מאיפה מישהו מגיע, אתה לא לוקח את התנהגותו באופן אישי והיא לא מפריעה לך. אפילו מורים – הם פשוט עושים הכי טוב שהם יכולים, בהתחשב במה שהם חושבים שקורה. אני יודע שזה נכון. אני לא מאמין שאני אומר את זה – זוכר איך שנאתי את כל המורים?

דותן כבר לא צידד בירדן אבל שיתף אותו במה שידע. ירדן הרגיש טוב יותר בכל פעם שדיברו. ירדן ראה כיצד החשיבה שלו יוצרת את החוויה שלו בכל רגע ורגע. הביטחון שלו גדל, הציונים שלו השתפרו והוא צחק יותר.

תמר הייתה ספקנית ביחס לדוחות המזהירים של מתקן המעצר לקטינים. היא המשיכה לחכות שדותן יחזור למנהגיו הרעים. ובכל זאת, היא לא יכלה להכחיש שהוא עוזר יותר ומשתף פעולה. וירדן עקב אחרי הדוגמא של דותן! אם דותן התרגז, זה היה לזמן קצר והוא מיהר להתנצל. תמר אפילו מצאה את עצמה מתנצלת בפניו

השמש זרחה בחלונו, הציפורים צייצו, והמחשבה על העבודה בגינה מילאה אותו בהנאה. הוא תיאר לעצמו כמה המומה אמו היתה לו יכלה לראות אותו ברגע זה, כשהוא ממש מצפה לבצע מטלה. דותן הבין שבדיוק חשב על אמו בחיבה. "מדהים!"

לפתע, המילים שקרא והדברים שאנג'לה אמרה היו הגיוניים בעיניו. רגשות האשמה והשנאה האיומים וארוכי-השנים שלו

לא היו חרוטים באבן. רגשותיו השתנו והוא נרגע למצב שליו. הוא גילה שהוא יכול להחזיר רגשות ישנים עם מחשבותיו, אבל הוא לא רצה בכלל. לראשונה, דותן ראה שיש לו בחירה.

בימים הבאים, היו לדותן רגעים של אושר וחמלה עמוקים. המלווה הקבוע הקודם שלו, כעס, הרים את ראשו המכוער בתדירות נמוכה יותר. הוא נהנה ללא מאמץ לעזור לאחרים במקום לפגוע בהם. בפגישות הקבוצתיות הוא החל לשתף כיצד חייו משתנים. הוא נדהם כשאחרים הושפעו עמוקות מדבריו. הם בעצם שמחו בשבילו. אנג'לה המשיכה להחזיר את שיחותיהם **לעקרון המחשבה** – באומרה: "זה כל כך טבעי. ככל

הבטחות.

דותן למד שיעור רב עוצמה. הוא גילה שבני אדם אכן יכולים להתגבר על אירועי חיים קשים מאוד, ללא קשר לנסיבות העבר. המפתח הוא ההבנה שיש באפשרותינו לבחור: להיאחז בחשיבה הישנה המחזיקה את כאבי העבר בחיים, או להיות פתוחים לתובנה שמקנה נקודת מבט חדשה.

במהלך ההשתתפות שלו בקבוצה של אנג'לה, בלי לעשות שום דבר בכוונה, דותן החל להירגע. הוא שם לב שהתחיל להרגיש שלם ובריא. ככל שקרא והקשיב יותר, כך הוא התגבר על עצמו בטבעיות. וככל שחלף הזמן הוא הבחין במשהו חדש, משהו שחסר לו. דותן גילה שהמאבק הסתיים. הוא יכול היה לראות שעקרונות אלה נכונים עבור כולם. בדרכו שלו ובמילים שלו, באופן טבעי, הוא החל לשתף את אחיו בידע שלו. דותן היה אסיר תודה על כך שהוא כבר לא מסובך בצרות. הוא ניפטר ממחשבות שליליות וכעס והתמלא בתקווה. במילים פשוטות, השינוי הזה היה ראשית חייו המאושרים.

אחרי ויכוח. זו הייתה הפעם הראשונה! כשדותן עבר את בחינות הבגרות, קיבל עבודה במשרה מלאה והחל לתרום כלכלית, תמר סוף סוף הבינה שזו לא הייתה הצגה. בנה באמת השתנה, ומשפחתם הייתה הרבה יותר רגועה ואפילו מאושרת.

אביו של דותן החל לקפוץ לראות את הבנים בסופי שבוע. אחרי שני הביקורים הראשונים, יהודה דאג להגיע בראש צלול. האהבה הבלתי מותנית שחש מילדיו נגעה בו והוא הרגיש טוב יותר כלפי עצמו. הוא דמע כשהבין שסלחו לו על טעויותיו וניתנת לו הזדמנות נוספת להיות אבא.

לאחר שנה של עבודה קבועה וביקורים קבועים עם המשפחה שהיו שונים כמו יום ולילה מהאינטראקציות שהיו להם בעבר, יהודה שאל את אשתו אם תסכים לקבל אותו בחזרה. בגלל דותן, תמר הייתה מסוגלת להבין שכל אחד יכול להשתנות. הכרה בטוב החליפה את המרירות שלה, והיא ידעה שהאיש הזה כבר לא האיש שהיה. הם התפייסו והעבר באמת הושאר מאחור. משהו גדול יותר מכל אחד מהם, אך נוכח בכולם, הוביל את המשפחה לעתיד מלא

בואו נדבר על התמונה הגדולה.

- הסיפור של דותן אולי קשור לחוויה האישית שלכם ואולי לא, אבל ההיגיון של בחירה – להיאחז בחשיבה ישנה או להיות פתוחים לתובנה – תמיד זהה. כיצד ההיגיון בסיפור מוכר לכם?
- מה היה "המשהו" הזה שהנחה את משפחתו של דותן, בהתחלה ובסוף?
- כולנו הסתבכנו בצרות בזמן זה או אחר, ורוב הסיכויים שהרגשנו שקיבלנו יחס רע. לכל אחד יש היסטוריה שאחרים לא רואים. לא משנה כמה שונים אתם חושבים שאתם – כולנו שווים. עדיף להיות אתם עצמכם. "כל אחד אחר כבר תפוס." (Oscar Wilde) דברו על המשמעות: "לעולם, לעולם אל תזלזלו בעצמכם. אין אף אחד... שהוא טוב יותר או גרוע יותר מכם. ואם אתם יכולים לראות את זה, כאן תמצאו גאווה, ושמחה, ופשוט חיים אוהבים. אתם פשוט הופכים לניטרליים." (One 7:12)

הרהורי נעורים: איך הם נשמעים לכם? האם אתם מזדהים איתם?

"אין לנו את הכוח לבחור את החיים שאנו נולדים לתוכם, אבל יש לנו את הכוח ליצור את חוויית החיים שלנו. איננו יכולים להאשים נסיבות, למרות שקל להאמין 'שמשהו שם בחוץ' גורם לנו להרגיש נורא. כשאתם מבינים שכל הרגשות שלכם נובעים מהחשיבה שלכם, יש תחושת שלווה, חופש וביטחון עצמי."

החיים הם פסנתר: המחשבות שלכם הן האצבעות שלכם. אתם שומעים וחווים רק את התווים שאתם בוחרים לנגן. הנסיבות לא מכריחות אתכם להרגיש בדרך מסוימת או לנגן תו אחד. לפסנתר 88 מקשים. יש לכם הזדמנות לכתוב את המוסיקה שלכם. המחשבות שלכם יוצרות את סיפור חייכם. אתם המלחינים. בחרו את התווים שלכם בחוכמה!"

חפשו "תחושה של הכרת תודה על מה שכבר יש לכם בחיים"(Mis. 130)

<u>מרכז המשאבים של הפרק</u>

השתמשו במשאבים, הפעילויות והפרויקטים המוצעים כדי לשפר את הלמידה שלכם.

- **פעילויות:** אלה נועדו עבור ציונים ו/או פיתוח יצירתיות. השתמשו בקריטריונים להצלחה!
- **רק בשביל הכיף**: תהנו מהרגשה טובה.
- **אוצר מילים חיוני:** שפרו את התקשורת.
- **נסו את זה בבית:** נסו זאת במהלך השבוע.
- **נספח ד:** "תזכורות" מעמיקות את ההבנה.
- myguideinside.com: קטעי וידאו והיצע מדיה דיגיטלית המיועדים לכל פעילות.

פעילויות

חשבו וכתבו רשומה ביומן

כתבו מחשבות או תגובות לאחד מהרעיונות הללו. השתמשו גם במילים מאוצר המילים החיוני:

"מי ייתן והכוכבים יישאו את העצב שלכם, מי ייתן והפרחים ימלאו את ליבכם ביופי, מי ייתן והתקווה לנצח תנגב את דמעותיכם." (Chief Dan George)

"לעולם, לעולם, לעולם, אל תזלזלו בעצמכם. אין אף אחד ... שהוא טוב יותר או גרוע יותר מכם. ואם אתם יכולים לראות את זה, תמצאו גאווה ושמחה ופשוט חיים אוהבים. אתם פשוט הופכים לניטרליים." (One 7:12)

אתם גם יכולים לשקול להציע את התגובות שלכם לסוד - המכתב שכתבה מייוויס קארן שנמצא בסוף פרק זה.

קריטריונים להצלחה: השתמשו ב"אני" , שתפו מחשבות ורגשות, הראו תובנות והקשרים.

הגיבו לסרטון ווידאו

צפו בשני הסרטונים הללו וכתבו תגובה לאחד מהם ביומן שלכם.

Sydney Banks – Goodwill (Length 4:16): https://www.youtube.com/watch?v=eJ8A4yhPOYo

Anthony's Story (Length 6:40): https://www.youtube.com/watch?v=k89vc9MH_fY

קריטריונים להצלחה: השתמשו ב"אני" , הביעו את הרעיונות שלכם בצורה ברורה, הראו תובנות והקשרים.

הוסיפו לסיפור

הסיפור הוא ציר זמן עבור דותן. שקלו שני תרחישים:

תרחיש א': נניח שדותן לא למד על שלושת העקרונות. תארו כיצד ייראו חייו שנה מהיום. הוסיפו לפחות שני תיאורים.

תרחיש ב׳: שקלו את תובנתו שהוא לא נועד "לאבדון החופים הסלעיים לנצח" ושהחל לחוש תקווה בחייו.

כתבו על מה שקורה לדותן שנה מהיום. כללו משהו פנטסטי שהוא מעולם לא חשב שהינו אפשרי. כתבו מסקנה על **כוח המחשבה** בשני תרחישים אלה.

קריטריונים להצלחה: רעיון מרכזי ממוקד, טקסט משמעותי המראה עומק מחשבה ורצף הגיוני. השתמשו בשפה ברורה וכללי דקדוק נכונים. הפכו את הקול הספרותי שלכם למרתק.

כתבו שיר

קראו שיר עטור פרסים, כמו "ההפתעה האולטימטיבית", שנמצא בסוף פרק זה.

כתבו שיר על **כוח המחשבה** או שיר המתאר את סיפורה של מחשבה מסוימת שהייתה לכם. צרו שיר מקורי או השתמשו באחת מההתחלות האלה:

- בחרו להשתמש בכוח המחשבה כדי...
- מחשבה היא כמו זרע...
- למחשבה כשלעצמה אין חיים משלה...

פרסמו את השיר שלכם להנאת אחרים.

קריטריונים להצלחה: הראו עומק מחשבה, היו מאורגנים, השתמשו בשפה חיה וצרו אווירה.

צרו יצירת אמנות

- ראו את דוגמת האיור עבור "ההפתעה האולטימטיבית" שנמצא בסוף פרק זה.
- איירו את השיר שכתבתם והוסיפו לו כותרת.

קריטריונים להצלחה: היו מקוריים ויצירתיים, הראו שימוש מיומן בחומרים, הביעו את עצמכם בפירוט והשתמשו במרחב בצורה יעילה.

דקלמו שיר

למדו את השיר שלכם בעל-פה והקריאו אותו לקבוצה.

קריטריונים להצלחה: היו מוכנים ומדויקים, דברו בצורה ברורה והיו בטוחים.

רק בשביל הכיף

✓ **צרו דרוג לחברות...** צרו שני "דירוגים לחברות" עבור דותן: אחד עבור תחילת הסיפור ואחד עבור סוף הסיפור.

דרוגים לחברות:	3 טוב	2 ממוצע	1 חלש	האם ראיתם שינוי כלשהו?

דרגו את דותן בתחילת הסיפור:

ישר	1 2 3	אהוד	1 2 3	תומך	1 2 3
נעים	1 2 3	הוגן	1 2 3	אופטימי	1 2 3

דרגו את דותן בסוף הסיפור:

ישר	1 2 3	אהוד	1 2 3	תומך	1 2 3
נעים	1 2 3	הוגן	1 2 3	אופטימי	1 2 3

✓ **מדורת מחשבה** ... איך אתם יודעים שמדורה דועכת? מה קורה אם מוסיפים לה עוד עצים להסקה? איך זה דומה לחשיבה שלכם? מה קורה כשמפסיקים להוסיף דלק נפשי, כשמפסיקים להתמקד במחשבה מסוימת? האם למחשבה עצמה חיים משלה?

✓ **משחק זיכרון משמות** ... אמרו את שמכם, הוסיפו פועל המתחיל באות זהה לשם שלכם. צרו משפט. לדוגמא: משה מחביא את הפינוקים במקרר. האדם הבא מוסיף את משפט השם שלו, וחוזר על כל המשפטים האחרים לפי הסדר. כשהקבוצה מסיימת – איך הראש שלכם מרגיש?

✓ עברו לפעילות אחרת. שחררו את כל הזיכרונות מהפעילות הקודמת. עכשיו כל אחד בתורו יגיד את שמו ותחביב שלו, ציפור או פרח שהוא אוהב. אין צורך לזכור מה אמרו האחרים. איך הראש שלכם מרגיש עכשיו? איך ניתן ליישם זאת בחיי היום יום שלכם?

אוצר מילים חיוני

חלק מהמילים הללו פשוטות יחסית. הבנתן בצורה עמוקה יותר תשפר את מיומנויות התקשורת שלכם.

אסיר תודה – מכיר טובה, מלא הכרת תודה, מעריך את הטוב בחיים

הרמוניה – זרימה, הסכמה, הבנה, שיתוף פעולה *[בהשאלה ממוזיקה: התמזגות, אחידות, אחדות מוסיקלית שערבה לאוזן]*

וויסות עצמי – היכולת להישאר רגוע וממוקד

יוזמה – מוטיבציה עצמית

מסולף – מעוות, מוטעה, לא אמיתי

ניטרלי – הגון ולא מוטה, לא חיובי ולא שלילי

נסיבות – אירועי או מצבי חיים

ספקני – שיש לו ספקות

פסיכולוגי – מתייחס לתפקוד נפשי

שיפוט – דעה, מסקנה או הערכה

שיקום – החזרה למצב המקורי, לעשות שינוי חיובי בחיים

נסו את זה בבית

בלו בחיק הטבע באופן קבוע. אל תחשבו על עצמכם ותראו איזה חידוש מופיע בחייכם. שקלו לשתף את החוויה שלכם עם הכיתה, עם חברה או בני משפחה.

ההפתעה האולטימטיבית

מעיין של גלים
בו נושבת הרוח
בכל מקום ועם זאת בשום מקום,
היא תנועה ומנוחה

הפתיחה והסגירה
הלא נודע ממנו באנו
וכל מה שנראה אי פעם
עדיין מתעתע באופן דומה

השוני הוא התוצאה,
לפניו האחדות.
הרמוניה היא זכותנו מלידה
אותה אנו לא עוד רואים

למדו להקשיב בחופשיות
ללא תודעה עסוקה
זה בחדרים השקטים
שהשלווה והאמת נמצאים

זה ממש לנגד עיניכם ובכל זאת
לא ממש מולכם
הסתכלו אחורה ותמצאו
בכל מקום ועם זאת בשום מקום...
את ההפתעה האולטימטיבית

עובדת סוציאלית מנוסה ממינסוטה, שעבדה גם עם לקוחות פרטיים, מייוויס קארן, התנדבה לשתף בשלושת העקרונות קבוצת גברים צעירים במתקן מעצר לנוער. היא ווילי, חברה וקולגה צעירה, נסעו שעתיים בכל כיוון בימי ראשון כדי לשתף את העקרונות עם קבוצה מאד דומה לזו של דותן.

הסוד – מאת מייוויס קארן, LSW

ילדים (וילדים לשעבר) יקרים,

יש לי סוד לספר לכם. אף אחד לא התכוון להסתיר אותו מכם... זה פשוט אחד מאותם הדברים האלה הכל כך ברורים שבני אדם לא יכולים לראות את זה... זה כמו לחפש בכל מקום את המפתח שנמצא ביד שלכם.

הסוד הוא שאתם כבר בני אדם שלמים ומושלמים לחלוטין. אתם לא סחורה פגומה, אינכם לוקים בחסר, אינכם זקוקים לעיצוב מחדש, תיקון, שיפוץ, ליטוש או שיקום רציני. כבר יש לכם בתוככם את כל מה שאתם צריכים כדי לחיות חיים נפלאים. יש לכם שכל ישר, חוכמה, גאונות, יצירתיות, הומור, ערך עצמי... אתם פוטנציאל טהור... אתם לא חסרים דבר.

הדבר היחיד שיכול למנוע מכם להנות מכל מה ומי שאתם הוא מחשבה. מחשבה אחת. המחשבה שלכם. לא מחשבה של מישהו אחר. המחשבה שלכם... לא משנה איזו מחשבה אתם חושבים, כל מחשבה שגורמת לכם להרגיש באותו רגע שיותר חשוב לחשוב אותה מאשר להרגיש אסירי תודה, מרוצים, שמחים, אופטימיים אוהבים ושלווים... היא הדבר היחיד ביניכם לבין האושר שלכם.

ונחשו מי אחראי על החשיבה שלכם... נחשו מי יכול להחליט לאן תשומת הלב שלכם הולכת... נחשו מי כותב, מפיק, מביים ומככב ברגע שאתם בתוך כל זה... אתם. רק אתם. לא העבר שלכם (מחשבה מאוחסנת) לא העתיד (שמתם לב שהוא אף פעם לא מופיע?) לא הוריכם (הם כולם חושבים את המחשבות שלהם), או החברים שלכם (אותו כנ"ל), או בית ספר או התקשורת או מצבים או נסיבות או כל דבר אחר. רק אתם.

כוח המחשבה הוא יכולת מדהימה. כמו כל יכולת, ניתן להשתמש בה ככלי עבודה או ככלי נשק נגד עצמנו ואחרים. ובדיוק כמו עם כל כלי אחר, אנחנו יכולים לדעת אם אנו משתמשים בו בעד או נגד עצמנו לפי האופן בו אנו מרגישים. כאשר אנו משתמשים **בכוח המחשבה** כנגד עצמנו או אחרים, אנו מסתבכים. כשאנחנו לא עושים זאת, בדרך כלל אנו לא מסתבכים.

רגשות באים להזהיר אותנו מלהשתמש במחשבה ליצירת בעיות בחיינו ולהדריך אותנו חזרה ליכולת הטבעית והבריאה שלנו לחיות את חיינו עד תום.

אז ... אנא זכרו כי המחשבות שלכם לא תמיד אומרות לכם את האמת. כשאנו במצב רוח ירוד ומרגישים רע, אסור לנו לסמוך על המחשבות שלנו... ה-IQ שלנו צונח. כשהמחשבות שלנו חולפות ואנו חשים הקלה, החשיבה שלנו שוב יצירתית, חיובית... ה-IQ שלנו עולה.

הדרך היחידה שאתם יכולים להרגיש רע לגבי עצמכם ולגבי החיים שלכם היא אם אתם חושבים עליהם רעות ... זה תלוי בכם, בכל רגע ורגע בחייכם. זה תמיד תלוי בכם! זה הסוד הטוב ביותר, המשחרר ביותר שלמדתי מעולם, ואני רוצה שגם אתם תדעו אותו. באהבה, מייוויס.

פרק 5 - הבנת "החושבים האבודים"

לעיתים כולנו "חושבים אבודים". לפעמים אנו מתנהגים בתוקפנות ובמצבים אחרים אנו מרגישים כקורבנות. למעשה, המשותף למצבים אלה הוא רק בעיה אחת – ***מחשבות מוטעות.*** *כולנו שמים לב, מדי פעם, למחשבות מוטעות. אתם או חברכם עשויים להרגיש לחץ חברתי להיות "מישהו אחר", להיות באופן מסוים או לפעול בצורה כלשהי. הפתרון הוא להקשיב* ***למדריך הפנימי*** *שלכם - החוכמה הפנימית המולדת - כדי להשיג הבנה מדויקת יותר.*

כל אחד מאיתנו משתייך לכמה קבוצות או מיני תרבויות. לא כל חבר בקבוצה עשוי להיות חלק ישיר מבעיה חברתית אבל כל אחד יכול להיות חלק מהפתרון. יתכן שאתם באופן אישי לא מתמודדים עם קושי אבל אתם יכולים להבחין בצורה ברורה שמישהו אחר חווה קושי. החוכמה שלכם יכולה לעזור לכם להבין כיצד לתמוך בבני גילכם העומדים בפני אתגרים. אף אחד לא צריך לחיות בצללים. אתם יכולים לדעת באופן טבעי כיצד להתייחס למישהו בעידוד, בטוב לב ובכבוד. אפילו קצת תמיכה יכולה להועיל במידה רבה.

כמו שנערה אחת כתבה: "כשאנו מתייחסים ממקום של אכפתיות והבנה במקום כעס ונקמה, אנו נותנים לאחרים את האפשרות להרפות מדפוסי מחשבה שליליים היוצרים את חייהם הלא נעימים. זה יוצר באופן טבעי עולם קל יותר לכולם."

פרק זה יוצר עבורכם הזדמנויות לראות את עצמכם מדי פעם כ"חושבים אבודים" ולהשתמש בשכל ישר ובהתבוננות כדי לחוות חשיבה חדשה. דבר זה משפר את מיומנויות התקשורת ומגביר אחריות חברתית ודיגיטלית.

בלוג של נער: מחשבות והגיגים בדרך להשגת הבנה

על אילו שאלות אתם מקווים שאענה בבלוג שלי?

מערכת יחסים עם גדעון ואולי יצליח לפוצץ את בועת הגאווה של גדעון. יאיר אומר שתהיה לו הזדמנות להתחבר לגדעון אז ימים יגידו.

מרץ: אגב, יאיר הצליח להתחבר לגדעון וכבר שמתי לב לשינוי. גדעון פחות מאיים עכשיו. מסתבר שהוא יכול להיות מצחיק לפעמים וזה נחמד שזה לא תמיד על חשבון מישהו אחר. הייתי ממש מופתע לראות את גדעון משתנה אפילו קצת. זו הוכחה לכך שכל אחד יכול להשתנות ולהראות סימנים של אחריות חברתית.

אוקיי, בחזרה לנושא... הסיפור הכי רציני שקשור למה שאנחנו לומדים הוא על שרה ורינה, שתי חברות לשעבר, ועל האחריות הדיגיטלית שלהן. שמעתי שהן היו חברות הכי טובות לפני שלשרה היה חבר. רינה הייתה מאוהבת בסתר באותו בחור. לשרה לא היה מושג! החברות ביניהן הסתיימה כשרינה הפכה להיות מגעילה לשרה, והמשיכה בכך גם אחרי ששרה כבר לא יצאה איתו יותר.

רינה קינאה ורצתה להרע לשרה. היה אפשר להרגיש את זה. היה ברור שרינה שולטת בנערות שבקליקה שלה. הן היו מושכות, ממש מקובלות והדירו את שרה בכוונה. פשוט רעות! רינה גם הפיצה שמועות אכזריות באינטרנט על שרה. בפירוש ההיפך מאחריות דיגיטלית!

אפריל: אחרי חופשת האביב יכולתי לראות באמת את השינוי בשרה. קודם נראתה שמחה בדרך כלל ועכשיו נראתה לרוב שפופה וסוג של פגועה. אני רואה שינויים גם ברינה. היא נראית רע. יש לה עיגולים שחורים מתחת לעיניים והיא נראית עייפה. חבר אמר לי שלרינה יש איזה בלגן בבית. אני לא ממש בטוח מה. לא תמיד אנחנו יכולים לראות אילו דברים מתרחשים בחיים של אחרים.

לפחות לשרה יש חברה אחת, בת דודתה אליס. אני בשיעור אנגלית עם אליס והיא סיפרה לי שרינה שולחת

אוקטובר: יש לי מטלה לחפש עדויות לאחריות חברתית ודיגיטלית בעולמי. אני אמור לכלול כמה עצות לפתרון בעיות ולבניית מערכות יחסים חיוביות.

אני תלמיד תיכון רגיל. אני לא ממש שייך לקבוצה כלשהי אבל יש לי כמה חברים טובים ואני מסתובב עם חבר׳ה מקובלים. עברתי לכאן לפני שלוש שנים, כשהייתי בן 13. יש לי ציונים גבוהים ונחשב לאדם טוב, אבל הייתי במעצר לכמה שעות בגלל גניבה קטנה. התברר שגניבת קרם שיזוף ותכנית להבריז מבית ספר למחרת הפכו לדבר המשפיל ביותר. מה חשבתי לעצמי? זו לא אחריות חברתית. טוב, זה לא משנה. גמרתי עם זה. זה כבר לא אני.

בבית ספר אני מוצא שזה מסקרן שילדים מסוימים כבר די קיבעו את מעמדם. נער אחד, גדעון, שהוא ממש מרושע, מסתובב ומאיים ונכנס בכל מי שהוא מחליט ששונה. הוא תמיד שמח לאיד כשהוא מכריע מישהו. הוא אובססיבי לגבי הפופולריות שלו, אבל אני אומר שזה לא עובד. משום מה הוא חושב שזה כן עובד או שזה יעבוד.

אני שונא לראות את גדעון משפיל אחרים. זה מחליא אפילו כשאני לא מעורב. בכל זאת אני מרגיש מטופש כשאני שופט את גדעון. שמעתי כמה קשה לו בבית. אמא שלו קצת יותר גדולה מאחותי. זה בטוח לא קל. שמעתי שכשהיה ילד בעטו בו כל הזמן ואז צחקו עליו כשבכה. יש אנשים שקשה להם. אני לא באמת מבין בזה, אני בטוח. אבל קל לי לראות איך לאנשים מסויימים יש דברים רעים לחשוב עליהם.

נובמבר: הכרתי בחור חדש בבית הספר השנה, יאיר, והוא סופר ידידותי ופשוט הוא עצמו. יש לו דרך לכלול גם אנשים שאינם מחוברים. הוא מתעניין ואכפת לו מכל מיני אנשים והדבר הכי טוב לגביו שהוא מצחיק. הוא בטוח בעצמו ואף אחד אפילו לא מנסה לאיים עליו. הוא פשוט מתחבר לכולם. אני מקווה שיאיר יתחיל לבנות

הדרך לצאת מהקנאה שלה. אולי העדויות העירו אותה. היא כנראה חשבה רק על עצמה ולא איך זה מרגיש להיות בצד השני, או עד כמה הטרדה היא דבר קשה ורציני.

לפי השמועות, המשטרה הייתה מעורבת מכיוון שקצין משטרה נתן מצגת בבית ספר לאחרונה. הוא פרץ לכמה חשבונות מקוונים של תלמידים כשהתחזה לנערה והצליח לקבוע דייטים עם כמה מהנערים. זה בוודאי מראה כיצד אנחנו באמת לא יכולים לדעת עם מי אנחנו מדברים. חשבתי לעצמי: "זה שיעור גדול! היה זהיר עם מי אתה קובע דייט ברשת!" הקצין סיים ואמר "כל מי שעסוק בהטרדה ברשת, לא משנה כמה אתם חכמים או כמה אתם חושבים שאתם חכמים ... אני יכול למצוא אתכם." ונחשו מה גיליתי ברשת? בריונות היא סוג של הטרדה בישראל, ארה"ב, בריטניה וקנדה. אתם יכולים לבדוק את זה בעצמכם:

ישראל: מוקד 105: המטה הלאומי להגנה על ילדים ברשת
https://www.gov.il/he/departments/Units/105_call_center
Canada, "Criminal Harassment" www.laws-lois.justice.gc.ca/eng/acts/C-46/section-264.html
United Kingdom, "Protection from Harassment" www.legislation.gov.uk/ukp-ga/1997/40/contents
United States, "Harassment Law and Legal Definition" www.definitions.uslegal.com/h/ha- rassment

יוני: בעיניי, רינה באמת הייתה "חושבת אבודה" שקיבלה הזדמנות שניה, ממש כמו גדעון. לאחר ההשעיה, רינה נפגשת עם יועצת מדי שבוע. אני יודע שיתקיים מפגש ייעוץ משולב עם רינה ושרה. גם שרה נפגשת עם יועץ. היא אומרת לאליס שהוא מסביר לה את הבחירה שיש לה לא לקחת דברים שאחרים אומרים באופן אישי. בחירה זו מונעת ממנה להרגיש אומללות גדולה. אליס אומרת שיש היגיון במה ששרה לומדת. זה רגיל ומובן וזה מעודד אותה להתחבר חזרה אל החוכמה הפנימית שלה.

לשרה מסרים קשים באכזריות ומטרידה אותה ללא הרף. סביר להניח ששרה לא מרגישה בטוחה בשום מקום. ככל שאנו לומדים יותר על אזרחות דיגיטלית, אליס ואני יודעים שזה לא יכול להימשך. בכל פעם ששרה נעדרת אני תוהה אם זה בגלל שהיא חרדה ומפחדת לבוא לבית ספר. כל הבלגן הזה בין רינה לשרה הוא כמו התנגשות רכבות בהילוך איטי.

מאי: הרגשתי שהמסרים והאיומים של רינה הם כבר יותר מדי עבור שרה. אפילו ראיתי אותה בוכה. היא עזבה את מתחם בית הספר בריצה אחרי הפסקת הצהריים אתמול. איך יתכן שאני יכול לראות את כל זה אבל לא באמת יודע מה לעשות? למרבה המזל, אליס השתמשה בהיגיון הבריא והטוב שלה ונכנסה לפעולה.

באותו יום אחה"צ, היא הלכה לשרה לעוד אחת מהשיחות הארוכות שלהן. שרה הודתה שהיא "גמורה". אליס אמרה שאחד מחבריה קיבל עזרה בשנה שעברה מיועץ שעזר לו לקבל בהירות ולהבין את החיים קצת יותר טוב. אליס ידעה שהוריה של שרה אוהבים ותומכים מאוד, ושכנעה את שרה לתת לה לספר להם על המתרחש.

לאחר מכן הדברים התרחשו במהירות.

רינה נקראה למשרד המנהל. כמה תלמידים ראו את המנהל, הוריה של רינה, יועצת, מורה ומבוגר נוסף נכנסים לפגישה. נשמע שאולי הייתה זו פגישה למניעת אלימות, מהסוג שמסופר עליו באתר בית הספר.

מישהו שמע את רינה צועקת במשרד ומגנה על עצמה נואשות. "אז אמרתי כמה דברים. זה לא סיפור גדול. פשוט השתעשעתי קצת. לא איימתי. זה היה בצחוק!" ואז היה שינוי ממשי בקולה. ככל הנראה היא הועמדה בפני הראיות – המון עדויות לבריונות ברשת. שמעתי שהיא נשברה ואיבדה את זה ואז התחננה לתשובה... "מה אני יכולה לעשות עכשיו?"

דבר אחד בטוח, רינה נאלצה להבין שבריונות לא הייתה

נקודת המבט של מורה ויועצת

ראיינתי את היועצת והמורה שלנו לאנגלית עבור הפוסט בבלוג הזה. הם חלק מהצוות התומך בתלמידים עם בעיות. הם גם עוזרים עם המיקוד הבית-ספרי באחריות חברתית ודיגיטלית. הנה מה שהם רוצים להוסיף:

כאשר נשוב ללימודים בסתיו, אנו רוצים לתמוך בתלמידים לנוע קדימה. את הנקודות הבאות נחלוק גם עם התלמידים בשנה הבאה; כולנו יכולים להיות חלק מהפתרון. נוסיף עוד נקודות ככל שנגיע לתובנות נוספות:

1. אנו מתחילים להבין את שני הצדדים של בריונות, שהיא סוג של הטרדה. אנו רואים שהגישה לחוכמה הפנימית היא המפתח לפתרון בעיות ולבניית מערכות יחסים.

2. לאלה שהם התוקפן במצב הזה, אנו רוצים להזכיר:

"המחשבות המוטעות של האנושות, מנוכרות מחכמתן הפנימית, הן אלה שגורמות לכל האלימות, הרשע והאכזריות בעולם הזה." (Mis.84)

במקום לפעול על פי מחשבות מוטעות, התחברו לחוכמה הפנימית שלכם אשר מובילה באופן ישיר לאושר ולהצלחה שלכם.

3. לאלה שהם הקורבנות במצב הזה, אנו רוצים להזכיר:

"כשהאדם החושב אבוד ומנותק מהחוכמה המולדת שלו, הוא חווה בדידות, פחד ובלבול." (Mis. 83) התחברו לחוכמה המולדת שלכם ותחוו אושר.

4. מחקרים מראים שבאופן כללי בעשור האחרון הטרדות תלמידים הצטמצמו ובריונות נמצאת במגמת ירידה. ראו את הקישורים הבאים:
www.news.ubc.ca/2016/02/23
www.learninglab.legacy.wbur.org/2015/05/18/new-data-says-school-bullying-has-declined-nationally-heres-why
www.adjacentgovernment.co.uk/ education-schools-teaching-news/ study-reveals-bullying-decline/11629

5. אנו חושבים שתלמידים בימינו מודעים יותר מילדים בעבר. בבית ספרנו, כולנו דואגים לאלו הנתונים לדיכוי. אנו יכולים להיות אחראים מבחינה חברתית ודיגיטלית.

6. אנו גם יודעים שכשאנחנו בקשר עם החוכמה הפנימית הטבעית שלנו - **המדריך הפנימי** שלנו - אנו מגדילים את החמלה לאדם. אנו יכולים לזרוק חבל הצלה למישהו בצרה משני צדי המתרס. עם קצת תמיכה, כל אחד מאיתנו יכול להתחבר לחוסן נפשי ולהתחיל לנווט בחיים בהצלחה. טוב לדעת שביכולתנו לעשות שינוי גדול. כולם חלק מהתרבות.

7. ההכרזה האוניברסלית על זכויות האדם חלה באופן גלובלי, הרבה מעבר לבית ספרנו, ומתייחסת לכל אחד ואחת מאיתנו:

"כל בני האדם נולדים חופשיים ושווים בכבוד ובזכויות. הם ניחנים בשכל ובמצפון ועליהם להתנהג זה לזה ברוח של אחווה."

www.un.org/en/universal-dec- laration-human-rights.
https://lib.cet.ac.il/pages/item.asp?item=7939

∞

יוני (המשך): הייתי רוצה לחשוב שכאשר אנו לוקחים אחריות על מעשינו ומנסים לתקן אותם, אנו יכולים לעשות תפנית של 180 מעלות ולהשתמש בכוח האישי שלנו בצורה הרבה יותר חיובית. כשנחזור לבית ספר בסתיו הבא, אני אהיה סקרן מאוד לראות מה קורה עם שרה ורינה ומה למדנו כולנו על הרשת החברתית ועל האחריות האישית שלנו.

המשימה שלקחתי על עצמי עבור כיתתי היתה מסע מדהים. כולנו מחזיקים בכוח באופן קולקטיבי בכך שאנו דואגים לאחריות חברתית ודיגיטלית. בואו וניירתם למשימה הזו! כל אחד מאיתנו הוא חלק מהתרבות. למרות שאולי איננו חלק מהבעיה באופן ישיר, כולנו מושפעים ממנה בדרגה זו או אחרת. אנו יכולים להיות חלק מהפתרון באופן ישיר.

נראה לי שזוהי עבודה פנימית. יש תקווה!

47

בואו נדבר על התמונה הגדולה.

- בכל מצב, תמיד נבחר בחוכמה המולדת, **המדריך הפנימי** שלנו, לפתרון בעיות ולבניית מערכות יחסים חיוביות. איך התחברתם לפוסטים בבלוג?

- מה המשותף בין האירוע הבא לבין הסכסוך של שרה ורינה? "התיכון הטכנולוגי הוא מבנה גדול ומורכב מאגפים ומסדרונות רבים. שני נערים מרקעים אתניים שונים התנגשו זה בזה באחת מצמתי המסדרונות. הם מיד קיללו נוראות אחד את השני, כינו כל אחד את אמו של האחר בשמות איומים, וחבטו זה בזה. תלמידים ומורים הקיפו אותם. שניהם זומנו למשרד המנהל והושעו. לעיתים אירועים מסוג זה התלקחו גם בחצר בית ספר. העובדת הסוציאלית של בית הספר יצרה קבוצת תמיכה של שלושת העקרונות לנערים צעירים כדי לתקן את הבעיה. היא ממש אהבה לעבוד עם החבר'ה האלה."

- שוחחו על ערך הדברים הבאים: "החיים הם כמו ספורט מגע. אתם עלולים להיתקל בקשיים מסוג זה או אחר. אנשים חכמים מוצאים את האושר לא בהעדר קשיים, אלא על ידי יכולתם להבין אותם כאשר הם מתרחשים."(Mis. 124)

הרהורי נעורים: איך הם נשמעים לכם? האם אתם מזדהים איתם?

"למדתי שתמיד ניתקל באנשים סובלים. חשוב לא להתעלם מהם. זכרו שהם כמוכם, רק שהם חיים בעולם שנוצר על ידי המחשבות הכואבות שלהם. לדוגמא, אם מישהו מטריד אתכם או אחד מחבריכם, ספרו להורה או מורה. הגנו על עצמכם או על חבריכם, וגם על זה שמטריד. כשאנו מתייחסים ממקום של אכפתיות והבנה במקום כעס ונקמה, אנו נותנים לאחרים את האפשרות להרפות מדפוסי מחשבה שליליים היוצרים את חייהם הלא-נעימים. זה יוצר באופן טבעי עולם סבלני ורגוע יותר עבור כולם."

"באמצעות החוכמה אנשים רואים מעבר למסננים ולדעות הקדומות של גזע ותרבות,
ומכירים ביופי שקיים בכל" (Mis. 136)

מרכז המשאבים של הפרק

השתמשו במשאבים, הפעילויות והפרויקטים המוצעים כדי לשפר את הלמידה שלכם.

- **פעילויות:** אלה נועדו עבור ציונים ו/או פיתוח יצירתיות. השתמשו בקריטריונים להצלחה!
- **רק בשביל הכיף:** תיהנו מהרגשה טובה.
- **אוצר מילים חיוני:** שפרו את התקשורת.
- **נסו את זה בבית:** נסו זאת במהלך השבוע.
- **נספח ד:** "תזכורות" מעמיקות את ההבנה.
- myguideinside.com: קטעי וידאו והיצע מדיה דיגיטלית המיועדים לכל פעילות

פעילויות

חשבו וכתבו ביומן

כתבו מחשבות או תגובות לאחד מהרעיונות הבאים. השתמשו גם במילים מאוצר המילים החיוני:

"אהבה אינה מכירה בחסמים. היא קופצת מעל משוכות, מדלגת מעל גדרות ועוברת דרך קירות כדי להגיע ליעדה מלאת תקווה." (Maya Angelou)

"החיים הם כמו ספורט מגע. אתם עלולים להיתקל בקשיים מסוג זה או אחר. אנשים חכמים מוצאים את האושר לא בהעדר קשיים, אלא על ידי יכולתם להבין אותם כאשר הם מתרחשים." (Mis. 124)

קריטריונים להצלחה: השתמשו ב"אני", שתפו מחשבות ורגשות, הראו תובנות והקשרים.

הגיבו לסרטון ווידאו

צפו בשני הסרטונים וכתבו תגובה לאחד מהם ביומן שלכם.

Forgive Yourself and Others from Salt Spring Conversations (Length 2:21)

Thea (Length 3:35) https://www.youtube.com/watch?v=CEXRffCjVEw&t=2s

קריטריונים להצלחה: השתמשו ב"אני", הביעו את הרעיונות שלכם בצורה ברורה, הראו תובנות והקשרים.

צרו תשדיר שירות ציבורי [תש"צ]

בקבוצה קטנה, בחרו באחד מהנושאים העיקריים של הפרקים הקודמים (ראו להלן) או השתמשו ברעיון ייחודי לכם (שקיבל אישור) כדי ליצור סרטון תשדיר שרות ציבורי באורך דקה. אתם יכולים גם לבחור פורמט חלופי – תרשים, מדריך הוראות, מאמר לכתב עת, שידור חדשותי, הצגת שקופיות, מערכון, שיר או ראיון בתכנית אירוח. הציגו בפני הכיתה שלכם או פרסמו פוסט בבלוג הכיתתי שלכם.

פרק 1: גילוי **המדריך הפנימי** והבנת מציאויות נפרדות

פרק 2: קסמו של ביטחון עצמי ומסכות חוסר הביטחון

פרק 3: להיות 'פגודימים' וכיפיים: גילוי זהותנו האמיתית

פרק 4: מציאת שלווה על ידי התגברות על צרות העבר

פרק 5: הבנת "החושבים האבודים"

קריטריונים להצלחה: צרו טקסט מקורי, השתמשו במידע מדויק ובמאמץ משותף הכינו הצגה מעניינת.

צרו בלוג

כתבו שלושה פוסטים בבלוג על "בניית מערכות יחסים בריאות". השתמשו בנקודת המבט והדעות הייחודיות שלכם. נושאים לדוגמא: נווטו בחיים עם חוסן נפשי, התחברו – בנו מערכות יחסים יציבות!

קריטריונים להצלחה: השתמשו ברעיונות מקוריים והביעו אותם בצורה ברורה, הראו הבנה ושפרו עם ציטוטים מדויקים.

צרו כרזה

צרו סיסמה לכרזה המבוססת על מה שאתם לומדים. או השתמשו בסיסמה הזו:

אין תעודת ביטוח לחיים חופשיים מבעיות

קריטריונים להצלחה: אינפורמטיבי ומסודר, שימוש יעיל במרחב, צבעוני ומדויק.

רק בשביל הכיף

- ✓ **תורכם לתת עצות** ... ייעצו למישהו צעיר מכם בשנתיים בנושא "שימוש בכוח פנימי" - חוכמה פנימית לפתרון בעיות ו/או בניית מערכות יחסים חיוביות. הוסיפו את זה ליומן שלכם.

- ✓ **משל האור והכובע** ... נסו או דמיינו את המטפורה הזו: בפעילות הזאת הניחו שכל תינוק נולד עם ניצוץ אור בתוכו. זה האני האמיתי שלכם, חוכמה, מה שאנו מכנים **המדריך הפנימי** שלכם. נסו את הניסוי הבא. הניחו פנס זעיר על השולחן, הדליקו אותו וכבו את האורות בחדר. במהרה עיניכם יסתגלו לחושך והאור הקטן יאיר את החדר מספיק כך שתוכלו להתמצא בו. החזיקו כובע כהה, בערך בגובה 25 ס"מ, מעל האור, כדי לייצג את החשיבה שלכם. לאט לאט קרבו את הכובע יותר ויותר למקור האור. ככל ש"החשיבה העמוסה" שלכם מתקרבת וחוסמת או מכסה את האור, כך יהיה לכם קשה יותר ויותר למצוא את דרככם. בחיי היום יום, ככל שאנו עסוקים בחשיבת יתר, כך אנו רואים פחות בברור. הרימו את הכובע, הניחו לחשיבה שלכם להתבהר ולפנות מקום לתובנות חדשות.
- ✓ **(תודה לברײדן יוז, עובד סוציאלי בבית ספר בארה"ב על שיתוף פעילות זו עמנו!)**
- ✓ **אתנחתא קומית** ... מצאו קטעי וידאו של אנשים שפורצים בצחוק באופן טבעי. מה קורה לכם? יש כל כך הרבה דוגמאות ברשת של תינוקות צוחקים; הם גורמים לנו לצחוק בכל פעם מחדש. שמתם לב איך החשיבה שלנו משתנה ללא מאמץ, כשאנו צופים בקטעים האלה, ומתחשק לנו לצחוק? שתפו את הדוגמא או הדוגמאות הטובות שמצאתם עם הקבוצה. זה תמיד יהיה נכון שצחוק הוא תרופה טובה!

אוצר מילים חיוני

חלק מהמילים הללו פשוטות יחסית; הבנתם בצורה עמוקה יותר תשפר את מיומנויות התקשורת שלכם.

אובססיבי – כפייתי, מאולץ, נעול על דבר אחד, משוגע ל-, אחוז דיבוק

אחווה – תחושת קרבה, אהבת אחים, ידידות, חברות, קשר אמיץ, שותפות גורל

הטרדה – הפחדה אגרסיבית כמו בריונות, הקנטה, הצקה

לאיים - להפחיד, להבהיל

מצפון – קול פנימי, מוסר כליות, חובת הלב, יושר הלב

פופולרי - מקובל, ידוע, מפורסם, אהוד

שמחה לאיד – הנאה מצרה של אחר

נסו את זה בבית

חיוך אמיתי הוא סימן מובהק לחברותיות. האם אתם יכולים לתפוס את עצמכם מחייכים באופן טבעי? אף אחד לא מחייך כל הזמן, אבל לאורך השבוע שימו לב איזו השפעה יש לחיוך כשאתם מנווטים את יומכם.

פרק 6 – לפנות מקום לאושר

אתם יכולים להיפטר ממחשבות שליליות שמונעות מכם לחיות בהווה. יש לכם רצון חופשי לנווט בחיים רגע אחרי רגע. תובנה יכולה להתרחש בכל עת; עם זאת, מצב נפשי רגוע מייצר באופן טבעי תובנות מועילות. עם חוכמה פנימית כמדריך, תוכלו לחוות אושר.

האם אתם יודעים שהעבר הוא רק מחשבה שאתם בוחרים להסיע בזמן? העבר הוא הזיכרון שלכם. אתם מחליטים מה אתם עושים איתו באופן טבעי. כשאתם מתחילים ללמוד ולהבין את ההיגיון של האופן בו נוצרת החוויה שלכם / המציאות שלכם, תבחינו בשינוי שחל בכם. הזיכרונות שלכם מתחילים להשתנות ככל שיש לכם תובנות חדשות. בדרך זו אתם משיגים הבנה עמוקה ועשירה יותר של החיים. וההפתעה הגדולה מכולן היא שתגלו שבאמת יש לכם רגשות בריאים יותר כלפי עצמכם וגם כלפי אחרים. החדשות הטובות באמת הן שההבנה שלכם לגבי הטבע הזה של מבפנים-החוצה פשוט ממשיכה לצמוח.

כמו שנערה אחת כותבת: "אנו לומדים לא לאפשר למחשבות השליליות שלנו לשלוט בנו. אנו יכולים לפתוח את ליבנו ולאפשר למחשבות חיוביות לעלות."

בפרק זה, אנו משתמשים באינטליגנציה פנימית כדי להשיג נקודת מבט בריאה על חוויות העבר. המיקוד הוא בהיגיון של איך נוצרת חוויה אישית על יד החשיבה שלנו. כתוצאה מכך, במצב נפשי רגוע, אנו מגלים מחשבות ורגשות בריאים כלפי עצמינו וכלפי אחרים, ואנו מתווכים את הרעיונות שלנו ביעילות לאחרים.

הסיפור של קרן

סוף על כך לאמא שלי, המנוול הזה כבר היה היסטוריה. היא לקחה אותי למטפל "מיוחד" שגרם לי לחזור שוב ושוב על מה שקרה לי. בהתחלה הייתה זו הקלה להבין שנבגדתי, אבל הזיכרון של כל זה רק גרם לי ליותר כעס. בסופו של דבר סירבתי ללכת.

בינה היא היחידה שאני סומכת עליה והיחידה שסיפרתי לה. היא מעולם לא הזכירה מילה לאיש. מספיק שיש לי את הזיכרונות . הדבר האחרון שאני רוצה או צריכה זה שהסיפור שלי יצא החוצה.

כשאני מדברת על העבר או על הבוס הנורא שלי או עד כמה מורה זה או אחר היה לא הוגן כלפי, בינה בדרך כלל מנסה להצחיק אותי ונהיית קומית עד כדי גיחוך! בדרך כלל זה לא עובד אבל בארוחת צהריים היום לא יכולתי להתאפק ושתינו פרצנו בצחוק. ממש היכה בי שאני כזו בת מזל שיש לי חברה כל כך טובה. הופתעתי כששמעתי את עצמי שואלת: "את עדיין חושבת שלכל אחד יכולים להיות חיים קלים ומהנים?"

בינה שקטה לרגע. "כן, אני מתחילה לחשוב שזה פשוט היגיון בריא. בסיפורים שאנו קוראים, זה תמיד אותו דבר. הדמות בסיפור לומדת שיש לנו רצון חופשי ושאנו לא צריכים ללכת עם כל מחשבה שעולה בראשנו. אני מבינה שבעצם יש לנו אפשרות לבחור עם איזו מחשבה ללכת. זה הגיוני שאם נתעלם ממחשבות לא מועילות ונלך בעיקר עם המחשבות המועילות, יהיה לנו יותר קל בחיים. את זוכרת ששמענו את הבחור הזה אומר שאפשר לסלק מחשבות לא מועילות כאילו היו חרק על הזרוע שלנו?"

מה אתם כבר יודעים על "פינוי מקום לאושר"?

הבוס שלי ממש מעצבן. אני מגיעה אחרי הלימודים כל יום, בדרך כלל בזמן, ועושה את עבודתי בסדר אבל שום דבר לא מספק אותו. הוא כל הזמן מעיר לי, אומר לי לעשות את זה או את זה; אני יודעת היטב מה עלי לעשות! כשאני מסיימת את העבודה, הוא מבקר אותי. אם אני מנסה להתגונן, הוא אומר שאני ילדותית ומתלהם על כך שיש המון אנשים אחרים שהיו שמחים לקבל את העבודה הזו. אני שונאת שאומרים לי מה לעשות, במיוחד כשהוא עושה זאת, ומתחשק לי לפרוש, אבל אני צריכה את הכסף.

המורים שלי מעצבנים אותי עוד יותר. אני רק מנסה לעבור את המבחנים כדי שאוכל לסיים את הלימודים ולעזוב. בית הספר הוא לא המקום האהוב עלי. יש לי חברה מגניבה אחת; כל האחרות מרגיזות. אני ממש לא מבינה איך חברתי בינה מסוגלת להסתובב עם כמה מהילדים בבית הספר הזה ולהיות מעורבת בכל מיני פעילויות. היא מגניבה והיחידה שאפילו "מרגישה" אותי מרחוק. אנו מכירות מאז גן הילדים. בימי רביעי אנחנו לומדות יחד בשיעור בריאות וקריירה ואחר כך תמיד אוכלות יחד ארוחת צהריים. (אני לא מעוניינת בילדים שבינה אוכלת איתם צהריים ברוב הימים).

בינה אומרת לי שהיא חושבת ששלושת העקרונות שאנו לומדים עליהם בכיתה "יכולים לעזור כך שלכולם יהיו חיים קלים יותר." היא כבר אמורה לדעת טוב מאוד שאני לא אאמין למשהו כזה. כבר נמאס לי ממה שמכונה עצות "מומחים"!

היו לי חיים קשים; סבלתי מהתעללות בילדותי. כשסיפרתי סוף

אהבתי את הדרך בה בינה ראתה את מה שלמדנו. עדיין תהיתי אם זה באמת נכון עבורי בהתחשב במה שחוויתי. אחרי העבודה שבאופן מפתיע לא הייתה נוראה כמו בדרך כלל, ישבתי בצל העץ הגדול העתיק החביב עלי וקראתי את התמסירים שחולקו בשיעור.

כשישבתי וקראתי את החומר בצל העץ הגדול והעתיק ההוא, קרה משהו שאינני יכולה להסביר. זה הרגיש כאילו מה שקראתי היה נכון, אפילו עבורי: "העבר כבר לא קיים." חשתי תקווה והקלה הציפה אותי. לראשונה יכולתי לראות שלא הייתי צריכה לאפשר למחשבות על העבר שלי לשלוט בחיי – ראיתי שאני בטוחה עכשיו ויכולה לחוות מצב של רווחה נפשית. ההרגשה הזו הייתה כל כך חדשה עבורי. בינה צדקה; תובנות יכולות להפוך דברים לחלוטין.

חלפה חצי שנה מאז שהשיעור שלנו הסתיים, והחיים שלי כל כך טובים יותר. אני לא מוסחת על ידי מחשבות כועסות על כל דבר קטן שקורה. אפילו הפסקתי לחשוב על נקמה בבחור שפגע בי. אני לא רוצה לחזור יותר לשם. אני זוכרת חלקים אחרים בעברי, כמו תקופות נחמדות עם אמי ובני דודיי. כשזיכרון רע עולה, אני יודעת שזו רק מחשבה חולפת. אני לא מסתבכת בכעסים. אני מבינה שאני בסדר.

אני אפילו מעריכה קצת את המורים והבוס שלי. הם נראים כל כך יותר נחמדים. אמא שלי רואה עד כמה השתפרתי; לפעמים היא שואלת אותי מה למדתי. אנחנו מדברות קצת ואני חושבת שזה עוזר לה להרגיש טוב יותר. יש ימים שאני אפילו תוהה אם אוכל לעזור לילדים צעירים יותר. ימים יגידו.

"חה!" עניתי. "אולי זה נכון עבורך ועבור אלה שקראנו עליהם, אבל לא עבורי. כשאנשים מגעילים או לא הוגנים כלפי אני כל כך כועסת; אני לא יכולה להפסיק לחשוב על זה. בהחלט אין לי ברירה. ולעולם לא הייתי בוחרת שהעבר שלי ירדוף אותי, אבל הוא רודף!"

זו הייתה הסחת דעת נחמדה לצחוק עם החברה שלי, אבל המציאות הכתה שוב. הרגשתי קשר בבטני כשנזכרתי עד כמה חיי גרועים.

"לולא היית את, בינה, לא הייתה לי חברה בעולם. החיים שלי קשים. את יודעת מה עבר עלי, ועכשיו זה לא ממש יותר טוב. פשוט אין לי מנוח." קולי נשבר. ייאוש וכעס הציפו אותי.

בינה הושיטה יד וחיבקה אותי. הרוגע שלה היה מנחם; "אני חושבת שמדובר רק בתחושה טובה – זה באמת כל מה שזה. כמו שצחקנו כמו משוגעות קודם, לא הרגשת טוב?"

"כן, לכמה דקות." הודיתי. "כמו שאמרתי, לולא היית את..."

"אבל לא אני גרמתי לך להרגיש טוב. לפעמים את בכלל לא מגיבה כשאני מספרת את אחת מהבדיחות המבריקות שלי." היה עלי להודות שזה נכון ושזה באמת לא קשור לכמה הבדיחה טובה.

"אז אם את יכולה להיות שמחה כמה דקות, זה מוכיח שיש לך את זה בתוכך!"

כל זה היה חדש לי וההיפך הגמור מכל מה ששמעתי על אנשים "מצולקים" מעברם.

∞

בריאות נפשית: מצב הרווחה הנפשית שלכם

כל אחד חווה תקופות קשות במידה זו או אחרת. לכל אחד יש "דברים" שאף אחד אחר לא רואה. הסופר סידני בנקס מסכים שלתלמידים רבים קורים דברים קשים בחייהם ומציע לנו דרך שמובילה למצב של רווחה נפשית.

כיצד תשתמשו ברעיונות האלה בחיים שלכם?

∞

"כתלמידים בבית ספר,

אינכם יכולים ללמוד היטב

אם התודעה שלכם מלאה בהרבה מחשבות שליליות,

רגשות שליליים וזיכרונות שליליים.

ככל שתוכלו לחיות יותר בהווה,

כך הסיכויים שלכם להצליח בלימודים טובים יותר." (Att. 3:33)

∞

"ברגע שהתודעה שלכם נרגעת ...

אתם מקבלים תובנה;

הבנה שבאה מבפנים, עמוק מעבר לתודעה האישית שלכם

ולפתע עולמכם משתנה

והעבר מתחיל להתפוגג.

הוא מתחיל להיות כבר חסר ערך

כבר אין לו שליטה עליכם." (One 3:13)

∞

"העבר כבר לא קיים...

זיכרון הוא מחשבה הנישאת בזמן

ויוצרת אשליה שהיא עדיין מציאות

אבל למעשה, היא לא מציאות.

זו הסיבה שלחזור אל העבר...

לנסות למצוא שם בריאות נפשית, זו באמת שגיאה. באמת." (Att. 4:05)

חשבו, שתפו עם בן/בת זוג

- ההיגיון לשחרר את העבר כדי לפנות מקום לאושר הוא תמיד זהה. איך ההיגיון בסיפור מוכר לכם?
- דברו על הרגעים המשמעותיים של קרן. מה יכול היה לגרום לגישה של הבוס והמורים של קרן להשתנות?

חמש שנים אחר כך...

סיפורה של לילי

©Jane Tucker, 1999, Middletown, MD (adapted 2016)

איך הסיפורים של קרן ולילי מתחברים?

היא בהתה במסך המחשב הריק ותהתה מדוע חייה צריכים להיות שונים כל כך מילדים אחרים. היא חשבה על הפגישה האחרונה שלה עם גב' ב', שהייתה אמורה לעזור לה. גב' ב' אמרה לה שהיא לא אשמה במה שקרה. אז למה היא הייתה צריכה להמשיך לדבר על זה? כשחזרו זיכרונותיה של לילי, היא חשה בודדה ואומללה מתמיד.

לילי שמעה את המורה פנינה אומרת: "אוקיי כיתה, הגיע הזמן לארוחת הצוהריים. שמרו את הסיפורים שלכם."

לילי הביטה במסך הריק שלפניה. היא שנאה את בית הספר. היא התקשתה כל כך שסידרו שתלך לחונכת פעמיים בשבוע. זה היה עוד דבר שגרם לה להרגיש שונה.

∞

היא בקושי דיברה עם החונכת שלה, סטודנטית שנה רביעית במכללה בתכנית לסיוע חינוכי. לילי הבהירה שהיא לא רוצה להיות שם ולא יצרה קשר עין. נראה שלחונכת שלה, קרן, לא היה אכפת. היא הכינה כרטיסי מילים וביקשה מלילי לחבר מהם משפטים. ואז קרן קראה את המשפטים בקול רם, כאילו היו הרעיונות המעניינים ביותר בעולם. כששמעה אותה, לילי כמעט הרגישה טוב לגבי הכתיבה שלה. החונכת המציאה משחקי מילים, וללילי היה כיף כשניצחה בסבב.

בהדרגה, לילי התחילה לצפות לזמן שלה עם קרן כי היא יכלה

"לילי, את יכולה לספר לנו על אירוע מיוחד בחופשת החג שלך?"

הילדה בת ה-10 התפתלה במושבה, עיניה מסתכלות מטה, ולא אמרה דבר, בתקווה שהמורה שלה תוותר ותעבור לילד היושב לידה.

"אנא שתפי אותנו, לילי."

כולם חיכו. לילי הניעה בראשה, קרובה לדמעות. ואז בייאוש היא הרימה את עיניה והצביעה על צווארה, כשהיא מניעה את שפתיה ללא קול: "לא יכולה לדבר – כואב לי בגרון."

לא נראה שהמורה פנינה מאמינה לה. "בסדר, לילי, נוותר לך. משה, מה איתך?" בזה אחר זה, ילדים שונים סיפרו על ביקור קרובי משפחה הגרים רחוק, עזרה בהגשת ארוחות החג, ואפילו ביקור בתערוכת דינוזאורים במוזיאון. המורה כתבה המון הצעות על הלוח וביקשה מהתלמידים לכתוב סיפור על אירוע החג הזכור ביותר שלהם.

לילי הרגישה שידיה רועדות. היא תמיד התקשתה לכתוב; סיפור שלם היה פשוט יותר מדי עבורה! היא הייתה תלמידה טובה ומעולם לא עשתה בעיות. הייתם חושבים שהמורה פנינה תעזוב אותה בשקט. היא תמיד קראה לה. הם בטח יצטרכו להקריא את הסיפורים שלהם ולילי פשוט ידעה שהיא תיבחר ראשונה.

רעננה. לכל אחד מאיתנו יש **מדריך פנימי**; זה השכל הישר או החוכמה הפנימית שלנו, והוא מוביל אותנו לאושר שלנו. אולי היא לא יודעת את זה. זה דומה לשמש שציירת. האם אי פעם הסתכלת למעלה אל השמיים וראית עננים שמכסים את השמש?"

לילי הנידה בראשה.

"למרות שהעננים מכסים את השמש באופן זמני, השמש עדיין שם, נכון?"

"כן..."

כשאנו מרגישים כועסים (או עצובים או מפחדים), זה רק בגלל שאנו חושבים מחשבות כאלה. כשאנו מניחים למחשבות האלה לחלוף כמו עננים, האושר הטבעי שלנו, כמו השמש, זורח מבפנים ואנו מרגישים שוב טוב."

לילי התקשחה והביטה שוב למטה בתמונה. "לילדה הזו אין אושר בפנים. דברים רעים קרו לה. היא כולה רעה וכועסת בפנים." לילי עצרה את דמעותיה וקרן חשה חמלה כלפיה.

היא אמרה ברוך: "לילי, אני מבינה. פעם גם אני הרגשתי כך עד שגיליתי ששום דבר – שום דבר – לא יכול לפגוע במי שאני באמת, בפנים.

לא משנה מה קרה לך בעבר, זה לא מי שאת עכשיו. בדיוק כמו שכל מה שקרה לי בעבר וכל המחשבות שהיו לי על זה, זה לא מי שאני עכשיו. אני יודעת שאני בריאה עכשיו, וההרגשה הזו רק הולכת ומעמיקה."

לראשונה, לילי הרימה את ראשה והביטה היישר לתוך עיניה של קרן, כאילו היא מחפשת הוכחה. לבסוף היא שאלה: "באמת?"

"באמת." קרן ענתה.

לאט לאט, חיוך התפשט על פניה של לילי. היא הרימה את המכחול וציירה בקלות חיוך לילדה הקטנה בתמונה! "העיניים המטורפות נעלמו!"

פשוט להיות עצמה. זו הייתה הקלה לא להרגיש לחץ לומר או לעשות משהו. המשחקים היו די כיפיים, במיוחד אם היא ניצחה.

יום אחד אחר-צהריים, קרן הקריאה ללילי סיפור: "ילדה שיחקה תחת עץ גדול. השמש הזהובה זרחה. היו עננים וקשת בשמיים. היא מצאה גור כלבים פרוותי ולימדה אותו טריקים. הוא קפץ דרך חישוק ורקד סחור-סחור. יום אחד הקרקס הגיע לעיר..." הסיפור נמשך על פני שלושה עמודים. לילי לא יכלה להאמין שאלה היו הרעיונות שלה.

"אמרתי לך שאת יכולה לכתוב!" קרן קרנה. "הסיפור הזה מלא ברעיונות שלך. את רוצה לצייר תמונה שתתאים לסיפור?"

קרן הוציאה קופסת צבעים ומכחולים ולילי ציירה תמונה עם שמש זהובה, עץ גדול וגור כלבים פרוותי. במרכז התמונה היא ציירה ילדה עם שיער מקורזל לבושה בסרבל, אבל היא לא הצליחה לצייר את פניה. בכל פעם שהיא ניסתה לצייר את חיוכה, זה הפך להיות מבט זועף. העיניים היו אמורות להיות שמחות, אבל הן נראו כעוסות. ככל שעבדה על זה יותר, כך זה השתבש יותר.

קרן הבחינה בתסכול שלה. "נתקלת בבעיה?"

"היא פשוט ממשיכה להישאר כועסת." לחשה הילדה.

"על מה היא חושבת?"

"מחשבות מטורפות." קולה של לילי היה מתוח.

"היא לא יודעת שהיא יכולה לקבל רעיון אחר?"

לילי נראתה מבולבלת ומשכה בכתפיה.

"לילי, למדתי משהו בבית ספר שעדיין ממש עוזר לי. אנחנו לא צריכים להמשיך לחשוב מחשבות מטורפות או עצובות. רק מכיוון שמחשבה צצה לך בראש לא אומר שאת צריכה להחזיק אותה בחיים. את יכולה לבחור לאפשר לה פשוט לחלוף."

לילי הניעה את ראשה. "הילדה בתמונה לא יכולה לעשות את זה."

"ובכן, את האמנית! את יכולה לעזור לה להבחין במחשבה

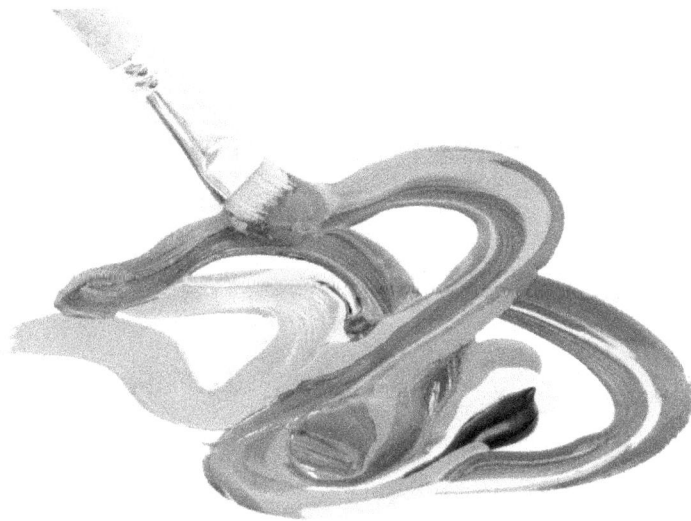

עוד פגישות עם גב' ב'.

עם הזמן, לילי התחילה באמת להנות מהלימודים, הפכה אופטימית והתעניינה בכל דבר סביבה. היא שכחה להיות ביישנית והרגישה בטוחה כשהיה לה מה לשתף.

בפגישת הסיום של קרן, המורה פנינה העירה על השינויים שראתה בלילי. "איך למען השם הצלחת להוציא את החילזון הקטן והעיקש הזה מהשבלול שלו?"

"הו, מעולם לא ראיתי חילזון קטן ועקשן," קרן צחקה. "סתם ילדה תמימה שהייתה אבודה בשלל מחשבות שליליות. למען האמת, היא הזכירה לי את עצמי כשהייתי צעירה יותר, וליבי יצא אליה. אני אסירת תודה שהייתי בת מזל ללמוד על שלושת העקרונות כשהייתי בתיכון. זה העיר אותי לחוכמה הפנימית שלי, **המדריך הפנימי** שיש לכל אחד, שלעולם לא יכול להיפגע והוא תמיד זמין. אם לא הייתי לומדת את זה, לא היה לי שמץ של מושג איך לעזור ללילי למצוא את האושר שלה.

∞

באותו הקיץ, כשקרן חזרה מביתה של חברתה, היא נתקלה בלילי חוזרת מהספרייה.

"היי חומד! איך הקיץ שלך?"

לאחר שלחצו ידיים, קרן אמרה: "התמונה שציירת יפה מאד וגם לך מגיע להנות מחיים יפים. רק זכרי שרגשות באים ממחשבות. המדריך **הפנימי שלך** תמיד נמצא שם כדי לעזור לך – *הוא זה את* – והוא יוביל אותך למחשבות טובות! שתינו אוהבות לצייר והציטוט הזה עוזר לי..."

"מחשבותיכם הן כמכחולו של הצייר; הן יוצרות תמונה *אישית* של המציאות בה אתם חיים." (Mis.56)

זו הייתה תחילתה של שיחה שנמשכה לאורך כל שעות החונכות באותו אביב. לילי המשיכה ללמוד על האני האמיתי שלה / החוכמה / **המדריך הפנימי** שלה. תמיד אפשר היה לסמוך עליו שיוביל אותה לכיוון הנכון. היא גילתה שאם זיכרון שלא אהבה צץ בראשה והיא לא נאחזה בו, הוא ייעלם כמו ענן שחולף על פני השמש בשמיים. עם הזמן, הזיכרונות הרעים הגיעו בתדירות נמוכה יותר. בכך ששיחררה אותם, היא פינתה מקום לאושר בחייה.

∞

קרן עדכנה את המורה פנינה ואת אמא של לילי לגבי התקדמותה של לילי. לילי גם סיפרה לאמא שלה על הזמן שהיא בילתה עם קרן. הן החליטו שהיא באמת לא צריכה

הרגשות הקסומים שיעזרו להדריך אותך בחיים. רגשות כאלה חזקים יותר מכל צבא המלך." (Dear 71)

לילי התבוננה בקרן קוראת בשקט ואחרי רגע מחזירה את הספר בעדינות לתיק. קרן השתהתה לרגע ואמרה: "הציטוט האהוב עלי ביותר מתוך ספר אחר של אותו סופר הוא: *"כוח חופש המחשבה וכוח חופש הרצון הם בין המתנות הגדולות ביותר שניתנו לנו, ... והם המאפשרים לנו לראות את החיים כפי שאנו רוצים."* (Mis. 50)

"שתינו כל כך בנות מזל שלמדנו להרפות מהזיכרונות הכואבים הישנים שלנו. אנו רואות את החיים כפי שאנו רוצות כעת." הן התחבקו והלכו לדרכן.

לילי חייכה ואמרה: "טוב, תודה!"

היא הרימה את תיק-בד הספרים שלה וקרן הציצה פנימה.

"אה, אני מכירה את הספר הזה מימי התיכון!" קראה קרן, כשהיא שולפת ספר דקיק מהתיק כאילו היה חבר אבוד. "'ליזה היקרה' הוא אחד מהספרים האהובים עלי." על הכריכה היה רישום רך של ילדה צעירה מזמנים עברו יושבת בשלווה וקוראת מתוך ספר פתוח.

קרן דפדפה בין הדפים המוכרים והתרגשה במיוחד לראות קטע מאחד המכתבים שליזה קיבלה מאמא שלה: "שוב אומר לך, הסתכלי מקרוב בתי, באהבה ובחמלה, כי הם שני

בואו נדבר על התמונה הגדולה.

- שקלו את הדברים הבאים: כיצד קרן ולילי דומות? מה גרם ללילי לצייר חיוך ללא מאמץ? האם זה נכון בסיפורים שלהם שידע הוא שרביט שממשיך לעבור מיד ליד?
- דברו על ההיגיון בציטוט הזה: "הניחו למחשבותיכם השליליות. הן לא יותר ממחשבות חולפות. רק אז תהיו בדרככם למציאת שלוות הנפש שאתם כה מחפשים ולתחושות בריאות יותר כלפי עצמכם וכלפי אחרים. זהו היגיון פשוט." (Mis. 108)

הרהורי נעורים: איך הם נשמעים לכם? האם אתם מזדהים איתם?

"הרעיון המרכזי הוא לשמור על ראש צלול ולהיות חיוביים. אנו לומדים לא לאפשר למחשבות השליליות שלנו לשלוט בנו. אנו יכולים לפתוח את ליבנו ולאפשר למחשבות חיוביות לעלות. אנחנו יכולים להבין שיש לאחרים בעיות. כשליבנו נפתח, אנו מסוגלים לסלוח. אל תאפשרו למחשבות השליליות שלכם לשלוט בכם. חפשו בעצמכם את תחושת ה'אלוהה'."

מה אתם רואים באשליות האלה?

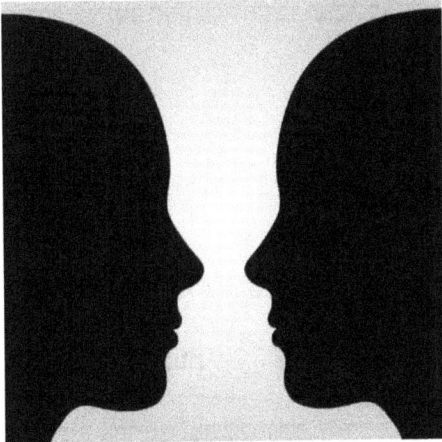

"זיכרון הוא מחשבה הנישאת בזמן והוא יוצר אשליה" (Att. 4:05)

61

מרכז המשאבים של הפרק

השתמשו במשאבים, הפעילויות והפרויקטים המוצעים כדי לשפר את הלמידה שלכם.

- **פעילויות:** אלה נועדו עבור ציונים ו/או פיתוח יצירתיות. השתמשו בקריטריונים להצלחה!
- **רק בשביל הכיף:** תיהנו מהרגשה טובה.
- **אוצר מילים חיוני:** שפרו את התקשורת.
- **נסו את זה בבית:** נסו זאת במהלך השבוע.
- **נספח ד:** "תזכורות" מעמיקות את ההבנה.
- myguideinside.com: קטעי וידאו והיצע מדיה דיגיטלית המיועדים לכל פעילות.

פעילויות

חשבו וכתבו רשומה ביומן

כתבו מחשבות או הגיבו לאחד מהרעיונות להלן, השתמשו גם במילים מאוצר המילים החיוני:

"הניחו למחשבותיכם השליליות. הן לא יותר ממחשבות חולפות. רק אז תהיו בדרככם למציאת שלוות הנפש שאתם כה מחפשים ולתחושות בריאות יותר כלפי עצמכם וכלפי אחרים. זהו היגיון פשוט." (Mis. 108)

"מה שמסתתר מאחוריכם ומה שמונח לפניכם חיוור בהשוואה למה שנמצא בתוככם." (Waldo Emerson)

קריטריונים להצלחה: השתמשו ב"אני", שתפו מחשבות ורגשות, הראו תובנות והקשרים.

הגיבו לסרטון ווידאו

צפו בסרטוני הווידאו האלה וכתבו תגובה לאחד מהם ביומן שלכם.

Dr. Bill Pettit, Part 1 (Length 5:46), Part 2 (Length 6:23):

https://www.youtube.com/watch?v=HT2psdpQAhc&t=1s

https://www.youtube.com/watch?v=gD-a9B3G31c&t=1s

קריטריונים להצלחה: השתמשו ב"אני", הביעו את הרעיונות שלכם בצורה ברורה, הראו תובנות והקשרים.

כתיבה משכנעת

בחרו רעיון אחד מכל מה שלמדתם בקורס הזה, שכנעו את הקורא לשקול את הרעיון הזה.

או: שכנעו את הקורא לשקול להרפות מהעבר כי העבר הוא רק אשליה.

קריטריונים להצלחה: הציגו את עמדתכם באומץ, כללו סיבות משכנעות, ארגנו בהיגיון, השתמשו בכללי שפה ודקדוק נכונים וקראו "לפעולה".

❧ פרופיל עתידי

לילי מסיימת תיכון בעוד כחמש שנים. כתבו את פרופיל ה"לינקדין" הראשון שלה. כללו: כותרת מיוחדת, השכלה, סיכום רקע, רשימת כישורים, ניסיון תעסוקתי והתנדבותי, קבוצות השתייכות ומטרות. לחלופין, אם אתם בני 14 ומעלה, פנו אל מורה או הורה לקבלת תמיכה ליצירת הפרופיל הראשון האמיתי שלכם ב"לינקדין".

קריטריונים להצלחה: כותרת מרתקת, סיכום תמציתי, תחומי עניין החושפים אישיות, ניסיון (תעסוקתי או התנדבותי) ומטרות משמעותיות.

❧ התנדבות

צרו לעצמכם הזדמנות אמיתית להתנדבות. אולי אתם יכולים ללמוד משהו חדש בזמן שאתם משתפים מה שאתם יודעים. באופן אירוני, אחריות יכולה להיות שוות ערך לחופש. כבונוס, אתם עשויים "למצוא" את עצמכם "הולכים לאיבוד" בתוך משהו בעל ערך. בין אם אתם מלטפים גורי חתולים ובין אם אתם מעורבים במאמצים הומניטריים, התנדבות היא הכנה חשובה לבגרות.

קריטריונים להצלחה: עבודה מדויקת, היו אחראים, הראו יוזמה, גישה טובה והשתתפות עקבית.

❧ סקירה למילות שיר

כתבו את הפרשנות שלכם למילות השיר בסרטון: I Won't give Up by Jason Mraz.

שימו לב ל"משמעויות העמוקות" ולתמונה הגדולה. התמקדו בחלק או בכל מילות המפתח האלה: אהבה, אנושיות, חמלה, אופטימיות, חיוביות וחוסן.

קריטריונים להצלחה: העבירו את המסר בשיר, הראו מחשבה והתבוננות, תנו דוגמא לכלי פואטי, השתמשו בשפה ברורה ובכללי דקדוק נכונים.

רק בשביל הכיף

תיהנו מסרטון וידאו ...

Illusions (Length 4:37): https://www.youtube.com/watch?v=TdN5GyTl8K0

אוצר מילים חיוניות

חלק מהמילים הללו פשוטות יחסית; הבנתן בצורה עמוקה יותר תשפר את מיומנויות התקשורת שלכם.

אלוהה – מילה הוואית שפירושה אהבה, הבנה, שלווה וחמלה

נבגד - להיות קרבן בגידה, להיות מרומה, לסבול מהפרת אמונים

מתפוגג – נעלם, מתמוסס, מתנדף, מתאייד

חוסן – כוח, עוצמה, חוזק, עוז, אומץ, נחישות, גבורה, היכולת לנווט בחיים

נסו את זה בבית

במהלך השבוע, היו מודעים למה שעולה על דעתכם. אם אתם שוקעים במחשבות על העבר - שחררו אותן! הרגישו את החופש. אפשרו לתודעה שלכם להתבהר; שימו לב איך זה מפנה מקום לאושר באופן טבעי.

פרק 7 – לפנות לעתיד במצב של רווחה נפשית

אתם יכולים להסתכל לעתיד בתקווה. זה נכון. חוכמה פנימית זמינה בכל עת ואתם תראו שדאגה, חרדה ותחושת הצפה הן מחשבות מיותרות שמסיחות את דעתכם מהצלחה. אין שום היגיון בשימוש במחשבות שלכם נגד עצמכם! אושר, רווחה ותחושת ביטחון הולכים יד ביד. גישה טובה היא תוצאה של הבנת היגיון שלושת העקרונות.

כמו שנער אחד מייעץ: "זה כמו עם גלולת סוכר [פלציבו]. אם אתם חושבים שתרגישו חוסר ביטחון, אז כך תרגישו. אם תתגברו על זה, אז הכל ילך לכם בסדר, כי מעבר לכך מדובר רק ביכולת הפיזית לבצע את העבודה. רק חשבו על כל מי שעבר את אותם מכשולים והצליח - הם לא שונים מכם בהרבה."

בפרק זה, אנו מוצאים תקווה, אושר ורווחה נפשית. המיקוד הוא על הגילוי שלמידת משוואת שלושת העקרונות גורמת לתוצאה הטבעית של גישה חיובית. דאגה, חרדה והצפה הופכות להסחת דעת מיותרת.

סיפורו של בני

בני מסיים עבודה כחלק מדרישות מבחני הבגרות. היומן שלו הוא תגובה להסכת שנקרא "גישה!" להלן קטעים מדגימים מתוך ההסכת. (קישור להסכת המלא: myguideinside.com)

"בהיותכם תלמידים, אם תשתמשו בשלושת העקרונות האלה כשאתם יוצרים בראשכם תחושות חוסר ביטחון, אתם תעברו את החיים ואת הלימודים שלכם כבני אדם חסרי ביטחון. מצד שני, אם תשתמשו בשלוש המתנות הללו כדי ליצור ביטחון, כך תעברו את החיים, כבני אדם מלאי ביטחון, מכיוון שזה באמת עולם שנוצר מהמחשבות שלנו." (Att. 1:20)

"הרבה אנשים... דאגו כל חייהם... עד שהבינו כיצד העקרונות עובדים. עקרונות אלה הופכים את מערכת החשיבה שלהם לדגונית, והדיגיון הוא: כל מה שאתם חושבים, זה מה שאתם. אם אתם חושבים שאתם חסרי ביטחון, אתם תהיו חסרי ביטחון. אם אתם חושבים שאתם בני אדם אוהבים, תהיו בני אדם אוהבים."(Att. 10:06)

"אתם עובדים מתוך אותם שלושה עקרונות כמו כל אחד אחר. ועמוק בתוככם, טמונה הבריאות הנפשית המולדת הזו, החוכמה המולדת הזו... ואם תוכלו להרפות מכל המחשבות השליליות האלה, ולהתחיל להרגיש טוב לגבי עצמכם, החוכמה הזו תצא לאור" (Att. 11:15)

"אחד הדברים החשובים ביותר בחיים עבור תלמיד הוא גישה. אם הגישה שלכם כלפי הלימודים שלכם טובה, אז יהיו לכם חיים טובים. אבל אם הגישה שלכם שגויה ... היא ממלאה את הנפש בספקות. ... ובאמת, באמת, ההבדל היחיד בין גישה טובה לגישה רעה הוא, שוב, מחשבה." (Att. 15:14)

מה אתם יודעים על כותרת הפרק: פונים לעתיד במצב של רווחה נפשית?

תוך כדי קריאה, שקלו את השאלות אחרי כל אחת מרשומות היומן של בני.

רשומה 1: אני די נבוך לכתוב על זה כי אני יכול לראות שלאחרים הרבה יותר קשה ממני. תמיד הצלחתי בלימודים ומעולם לא הייתה לי בעיה עם הבחינות, אבל לאחרונה התחלתי לדאוג באמת. אני יודע שזה קשור לעובדה שבשנה הבאה הטכניון או האוניברסיטה (נרשמתי מוקדם והתקבלתי לשניהם) יהיו הרבה יותר קשים מהתיכון. אני כל הזמן חושב שאם לא אקבל את הציונים הגבוהים ביותר האפשריים עכשיו, אני ממש אתבאס. ואפילו אם אצליח לשמור על הרמה כאן, זה לא מבטיח שאוכל לשמור על הרמה במוסדות האלה. אני מרגיש מוצף לגבי העתיד.

שאלה: *מה עלול לקרות אם בני ימשיך לדאוג לגבי הלימודים האקדמיים שלו?*

רשומה 2: אני חושב שאני מבין את המשוואה הזו: "תודעה + מודעות + מחשבה = מציאות. (Enl.G.R.42) אבל אני מבולבל. מעולם לא הייתי אחד מאותם הילדים

עכשיו אני זוכר ש"דאגה" היא רק מחשבה חסרת ביטחון שאני יכול פשוט להעיף אותה משם. שיגעתי את עצמי; אבל האני האמיתי שלי, החוכמה המולדת שלי, יודעת טוב יותר. אני לא ממש יכול לתאר את זה, אבל במקום להיות מוצף, אני חש רווחה נפשית. הראש שלי רגוע יותר ואני נהנה יותר מהחיים. כמו שחברי אמר, בראש רגוע פותרים בעיה מהר יותר. בראש שקט יש יותר מקום לחשוב.

אתמול הפתעתי את עצמי. עברתי בפארק וראיתי ילדים שאני מכיר קולעים לסל. ניגשתי וביקשתי להצטרף אליהם. לראשונה מאז שהייתי ילד קטן, נהניתי לשחק כדורסל בספונטניות, בלי לדאוג איך אני משחק, בלי לחשוב שאני צריך להיות הכי טוב. פספסתי קליעה קלה ולמעשה צחקתי על זה במקום להרגיש נבוך או מושפל.

שאלה: *האם אי פעם שקעתם בפעילות ופשוט נהניתם ממנה?*

רשומה 5: עכשיו כשאני מתחיל לראות איך מחשבה עובדת, החלטתי לעשות ניסוי. אחי הקטן אבי מסוגל להיות ממש נודניק. אני אוהב אותו אבל הוא מטריד אותי בכוונה באופן קבוע. חשבתי לבדוק אם זה יכול להשתנות. אני יודע באופן הגיוני שרגשות נובעים ממחשבות, כך שאם אני שומר על מחשבות "צוננות" רגשותיי יהיו בהתאם ואני לא אהיה מוטרד ממנו.

ובכן זה עבד! כשאבי הפעיל את הטריקים הרגילים שלו, צבט אותי, ברח או התגרה בי, לא שיחקתי את המשחק. בעבר הוא תמיד ידע בדיוק איזו תגובה יקבל ממני. היה נמאס לי ונעשיתי אגרסיבי והוא היה מתעצבן ואני הייתי מסתבך בצרה.

כשלא הגבתי אליו – פשוט התעלמתי מהמחשבות בראשי – נשארתי רגוע וחיובי. תאמינו או לא, הוא הפסיק להיות מעצבן ואנחנו למעשה מסתדרים טוב ביחד. מעניין איך ההורים מתייחסים אלינו ... כאילו הוקל להם שיש קצת שקט בבית.

שנכשלו וחשבו: "אני לא יכול ללמוד." אני רואה את ההיגיון כיצד מחשבה כמו "אני לא יכול ללמוד" או "אני לא טוב כמוהם" היא זרע שצומח ומשתלט.

אבל אני אינטליגנטי. למעשה, אני ידוע ככזה! זה הופך את החרדה הזו שאני מרגיש לכל כך מוזרה! אני כל כך רגיל שהורי ואחרים אומרים שאני "הכי טוב והכי מבריק." מפחיד אותי לחשוב שאני עלול לא לעמוד בציפיות האלה בעתיד.

אני לא הכי טוב בספורט, אז עזבתי כדורסל וכדורגל. לא אהבתי לשחק כי לא היה מצב שאי פעם אהיה אחד השחקנים המובילים. אני באמת לא אוהב את התחושה הזו. אני מבין שיש לי גישה גרועה כלפי הנאה. למה אני צריך להיות הכי טוב כל הזמן? כשהייתי ילד ספורט היה כיף.

שאלה: *במקום להימנע מפעילויות, איך בני יכול להנות מהחיים יותר?*

רשומה 3: מעולם, מעולם לא חשבתי על עצמי כחסר ביטחון. כלומר, באמת? למה שאהיה? אבל דאגה מרגישה קצת כמו חוסר ביטחון. אולי יש מה ללמוד כאן. אני מרגיש הקלה כשאני כותב את זה. וואו! אם באמת רק הדאגות שלי גורמות לתחושות שאני חווה, אני חופשי לשחרר את המחשבות האלה. האם זה יכול להיות כזה פשוט? אני לא מאמין שאני מחייך ברגע זה. ... תודה לכם, שלושה עקרונות! הידיעה על חוכמה מולדת ושלושת העקרונות באמת יכולה לשנות את ההרגשה. לא הבנתי את זה קודם. זה שונה מניתוח בעיה, אבל נראה שזו התשובה.

שאלה: *מה היתרונות מכך שבני לומד על רצון חופשי?*

רשומה 4: אני מרגיש הרבה יותר רגוע. באמת השתמשתי במחשבות שלי כנגד עצמי בלי להבין זאת.

מהשאיפה שלי להיות הכי טוב בכל מחיר. אני לומד טוב בדיוק כפי שלמדתי בעבר ואני אפילו עושה גם כמה דברים חברתיים. אני אפילו משחק יותר כדורסל רק בשביל הכיף.

אחותי התאומה, החברה הכי טובה שלי, מאד אתלטית ומבלה זמן רב בספורט. היא הבחינה בשינוי שחל בי. היא אומרת שיש לי גישה חדשה ושהתגברתי על עצמי. בעבר היא חשה לחץ רב לעזור לי לשמור על הדימוי האינטלקטואלי שלי. לא היה לי מושג שהיא דאגה לי! היא אמרה: "נראה שיש לך אושר שלא היה שם קודם." התחלתי לשתף אותה במה שלמדתי. אני כל כך אסיר תודה על ההיגיון של העקרונות. אני מרגיש שהעתיד באמת נפתח בפני.

שאלה: *מה קורה כשאתם לא מגיבים או לא "משחקים את המשחק" עם מישהו אחר בחייכם?*

רשומה 6: רציתי להיות הכי טוב ומכיוון שהלימודים היו די קלים לי, התמקדתי בהם. מאז שלמדתי את העקרונות, התחושה המלחיצה הישנה שלי נעלמה. לא החלטתי להשתנות; זה פשוט קרה. מוזר שמעולם לא שמתי לב לדאגה עד שהבנתי שאני רגוע יותר. אני יכול לראות שמחשבות "להיות הכי טוב" מנעו את התחושה הרגועה. עכשיו אני בוחר לא ללכת אחרי מחשבות מדאיגות. אני מניח שהתחלתי להקשיב לחוכמה המולדת שלי, למדריך הפנימי שלי.

אני עדיין לומד הרבה, אבל זה יותר מעניין. אני לא מוסח

בואו נדבר על התמונה הגדולה.

איך רשומות היומן של בני דומות לחוויות שלכם?

שקלו את זה: "אחד הדברים החשובים ביותר בחיים עבור תלמיד הוא גישה. אם הגישה שלכם כלפי הלימודים טובה, אז יהיו לכם חיים טובים. אבל אם הגישה שלכם שגויה ... היא ממלאה את הנפש בספקות. ... ובאמת, באמת, ההבדל היחיד בין גישה טובה לגישה רעה, זה שוב, מחשבה." (Att. 15:14)

הרהורי נעורים: איך הם נשמעים לכם? האם אתם מזדהים איתם?

"'גישה' הועילה כי לעיתים קרובות למדי בבית ספר, שמעתי חברים מתלוננים כמה העבודה קשה. הם נעשו יותר ויותר לחוצים ומבולבלים. תחושת חוסר ביטחון לא עזרה לי לעבודה או למחשבות שלי. פשוט הורדתי את הראש והמשכתי לעבוד וחוסר הביטחון נעלם מעצמו. זה דומה לדומינו, ברגע שאתם מפילים את הראשון, אבני הדומינו הבאים ימשיכו ליפול.

כשאתם חושבים שאתם חסרי ביטחון, זה פשוט יחסום כל דבר אחר. זה כמו גלולת סוכר, אם אתם חושבים שתרגישו חסרי ביטחון, אז כך תרגישו. תתגברו על זה ואז הכל בסדר, כי מעבר לכך מדובר רק ביכולת הפיזית לבצע את העבודה. רק חשבו על כל מי שעבר את אותם המכשולים והצליח - הם לא שונים מכם בהרבה."

"אם הגישה שלכם ללימודים טובה, יהיו לכם חיים טובים" (Att. 15:14)

מה אתם נוטים לבחור, מרגע לרגע, עבור עצמכם?

סגנון חיים א': אושר, רווחה נפשית, ביטחון, גישה טובה והצלחה.

סגנון חיים ב': חרדה, לחץ, חוסר ביטחון, גישה רעה וכישלון.

"מחשבה היא הסוכן היצירתי בו אנו משתמשים לכוון אותנו במהלך החיים." (Mis. 47)

מרכז המשאבים של הפרק

השתמשו במשאבים, הפעילויות והפרויקטים המוצעים כדי לשפר את הלמידה שלכם.

- **פעילויות:** אלה נועדו עבור ציונים ו/או פיתוח יצירתיות. השתמשו בקריטריונים להצלחה!
- **רק בשביל הכיף:** תהנו מהרגשה טובה.
- **אוצר מילים חיוני:** שפרו את התקשורת.
- **נסו את זה בבית:** נסו זאת במהלך השבוע.
- **נספח ד:** "תזכורות" מעמיקות את ההבנה.
- myguideinside.com: קטעי וידאו והיצע מדיה דיגיטלית המיועדים לכל פעילות.

פעילויות

חשבו וכתבו רשומה ביומן

כתבו מחשבות או תגובות לאחד מהרעיונות הללו, השתמשו גם במילים מאוצר המילים החיוני:

"אחד הדברים החשובים ביותר בחיים עבור תלמיד הוא גישה. אם הגישה שלכם כלפי הלימודים טובה, יהיו לכם חיים טובים. אבל אם הגישה שלכם שגויה ... היא ממלאה את הנפש בספקות. ... ובאמת, באמת, ההבדל היחיד בין גישה טובה לגישה רעה, זה שוב, מחשבה." (Att. 15:14)

"היו אמיצים ללכת אחר ליבכם והאינטואיציה שלכם. הם איכשהו כבר יודעים מה אתם באמת רוצים להיות." (Steve Jobs)

קריטריונים להצלחה: השתמשו ב"אני", שתפו מחשבות ורגשות, הראו תובנות והקשרים.

הגיבו לסרטן ווידאו

כתבו תגובה לסרטון הוידאו הזה ביומן שלכם.

Mara Gleason, what are you seeing new? (Length: 5:54):
https://www.youtube.com/watch?v=4s5BdJtMFB8

קריטריונים להצלחה: השתמשו ב"אני", הביעו את הרעיונות שלכם בצורה ברורה, הראו תובנות והקשרים.

פסטיבל שיתופים

התחלקו לשתי קבוצות. קבוצה 1 דנה ביתרונות האישיים של השקפת עולם מלאת תקווה. קבוצה 2 בוחנת את היתרונות של תלמיד בעל נקודת מבט רחבה. צרו קבוצה גדולה כדי לשתף את הרלוונטיות של תקווה ונקודת מבט רחבה בחייכם. איך אתם יכולים לעצב את עתידכם?

קריטריונים להצלחה: השתתפו באופן פעיל, התחשבו, היו מלאי בטחון, תקשרו ביעילות.

דוח על ראיון

ראיינו מבוגר שאתם מכבדים. ערכו דו"ח כתוב להצגה. גלו מה ההשקפות שלו או שלה על הצלחה בתיכון ובהמשך כמבוגרים בחיים. שאלו שאלות מקוריות או השתמשו בדוגמאות אלה: איזה אירוע חשוב השפיע על עתידכם? את מי אתם הכי מעריכים ומדוע? מה העצה הטובה ביותר שיש לכם לתת לי ולתלמידים אחרים?

קריטריונים להצלחה: הריאיון מרתק את הצופים במידע רלוונטי; לדוח רעיון מרכזי ברור, הוא מרתק וזורם, משתמש בכללי שפה ודקדוק נכונים.

צרו נושא חלומי

כתבו על חלום שלכם לגבי עתידכם. דונו בחלום זה עם מבוגר. האם אתם מסכימים עם הצהרה זו? "אם אתם יכולים לחלום על זה, אתם יכולים לעשות את זה." (וולט דיסני)

קריטריונים להצלחה: השתמשו ב"אני", שתפו מחשבות ורגשות, הראו תובנות והקשרים.

רק בשביל הכיף

- ✓ **סקירת מילות שיר ...** הציגו את הפרשנות שלכם למילות השיר מהמשימה בפרק 6.
- ✓ **לומדים בשביל הכיף** ... בשנות הנעורים קל מאד ללמוד מיומנויות או לשפר כישרון על ידי השתתפות בקורס חדש או לימוד עצמאי. זה הזמן לקחת סיכונים בריאים וללמוד משהו חדש. מה אתם יכולים ללמוד או ללמוד טוב יותר רק בשביל הכיף?

אוצר מילים חיוני

חלק מהמילים הללו פשוטות יחסית. הבנתן בצורה עמוקה יותר תשפר את מיומנויות התקשורת שלכם.

אינטואיציה – ידיעה מתוך תחושה, תפיסה בלתי אמצעית, הבנה מיידית, הארה פנימית

אירוני – פרדוכסלי, בעל משמעות הפוכה למה שנאמר

בהירות – לראות או לחשוב באופן ברור, בוודאות

גישה – השקפה, דעה, עמדה, תפיסה, יחס, נטייה, צורת הסתכלות, הרגשה כלפי משהו

דאגה – תודעה המתעכבת על בעיות, חרדה, חשש, פחד, חוסר שלווה

הסכת - פודקאסט

חרדה – תחושת דאגה, בהלה, חשש, אימה, רעד

לחץ – מתח נפשי, מועקה

מלא תקווה – הרגשה חיובית כלפי העתיד

ספק – הרגשה לא בטוח, פקפוק, חוסר ודאות, היסוס

פוטנציאל – יכולת, אפשרות

פרספקטיבה – ראיית מצב בדרך חכמה וסבירה, נקודת מבט

נסו את זה בבית

שימו לב למצבכם הנפשי ברגע זה. זכרו כי גישה טובה היא בעצם הרגשה טובה - מצב נפשי שתמיד תוכלו למצוא. לאורך השבוע, שימו לב ליתרונות הקטנים או הגדולים שאתם חווים בגישה טובה. יש לכם באופן טבעי את היכולת לעבור מהרגשה רעה להרגשה טובה!

פרק 8 - הגדרת הנתיב האישי והייחודי שלכם

מזל טוב! אתם מוכנים לחזור על השעורים החשובים ביותר כדי להיות מוכנים לחיים הטובים ביותר שאפשר. זכרו מה שאתם כבר יודעים:

המדריך הפנימי שלכם הוא חוכמה פנימית. אושר הוא מצב נפשי, ומציאויות נפרדות פירושן *שכולנו רואים את העולם בדרך הייחודית לנו. תוכלו לחוות יותר ביטחון אם תרפו ממחשבות חסרות ביטחון.*

מצבי רוח פשוט נגרמים על ידי מחשבות שאתם נאחזים בהן. מצבי רוח משתנים באופן טבעי כשהחשיבה שלכם משתנה וזורמת. תפסיקו לשים לב לחשיבה מלחיצה או שלילית, ובסופו של דבר תמצאו את עצמכם ב"zone" בפרקי זמן ארוכים יותר. יתר על כן, העבר – עבר. מכיוון שהעבר קשור לחשיבה שלכם, תשומת לב לתובנות שלכם מנחה אתכם לחוכמה טבעית ושמחה. היו עדינים כלפי עצמכם ואחרים כאשר "החשיבה האבודה" הזמנית נראית אמיתית. זכרו, כשאתם רגועים קל יותר להבחין בתובנות ולהרפות מחשיבה לא מועילה. פרספקטיבה חדשה תמיד תופיע. לא משנה מה, דאגה אינה מועילה ומצב נפשי רגוע מייצר באופן טבעי גישה טובה.

בפרק האחרון, אתם מוזמנים למזג את הלמידה שלכם ולהבין שצמיחה מתרחשת לאורך כל חייכם. פרק זה מתמקד בלזכור את מה שכבר למדתם כשאתם ממשיכים בחייכם. אנו מעודדים אתכם לנצל את פעילויות המולטימדיה הנהדרות. חלק אחרון זה מזמין אתכם ליצור, לשתף ולהנות מההבנה שלכם את המדריך הפנימי.

73

עם הפנים אל העתיד

בסיום קורס זה תוכלו לסמוך על כך שלמידת שלושת העקרונות מעמיקה ונמשכת כל החיים. זכרו במיוחד אמת פשוטה זו: "אלה שמצאו איזון בין האינטליגנציה שלהם לבין חוכמתם המולדת הינם ברי מזל." בואו ונהיה בין ברי המזל האלה! (Mis.133) איינשטיין מחזק: "יש נקודה בחיי כל אחד, בה רק אינטואיציה יכולה לגרום לקפיצת מדרגה... צריך לקבל את האינטואיציה כעובדה." דעו כי אנו יכולים למזג בין האינטליגנציה והחוכמה המולדת לתועלתנו המלאה כשאנו עושים "קפיצת מדרגה!"

הרהורי נעורים: איך הם נשמעים לכם? האם אתם מזדהים איתם?

"ההיבט החשוב ביותר של הקורס הזה היה לשנות את מצבי הרוח שלי ולחשוב באופן חיובי על עצמי, להרגיש טוב יותר. זה שינה את חיי כי כשאני חושב על זה, הכל הגיוני ומשתלב יחד. מחשבות טובות מייצרות מצבי רוח טובים. מחשבות רעות מייצרות מצבי רוח רעים. המציאות שלנו נוצרת על ידי המחשבות שלנו. אם לכולם תהיה הבנה של שלושת העקרונות, זה יהיה מקום הרבה יותר טוב."

מרכז המשאבים של הפרק

השתמשו במשאבים, הפעילויות והפרויקטים המוצעים כדי לשפר את הלמידה שלכם.

- **פעילויות:** אלה נועדו עבור ציונים ו/או פיתוח יצירתיות. השתמשו בקריטריונים להצלחה!
- **רק בשביל הכיף:** תיהנו מהרגשה טובה.
- **אוצר מילים חיוני:** שפרו את התקשורת.
- **נסו את זה בבית:** נסו זאת במהלך השבוע.
- **נספח ד:** "תזכורות" מעמיקות את ההבנה.
- myguideinside.com: קטעי וידאו והיצע מדיה דיגיטלית המיועדים לכל פעילות.

פעילויות

הערכת ההתקדמות

אנא מלאו את שאלון ההערכה המסכמת בנספח ב' והשוו לשאלון ההערכה המקדימה שמילאתם לפני הקורס. גלו את ההתקדמות שלכם!

חשבו וכתבו רשומה ביומן

כתבו על ההיבט החשוב ביותר בקורס הזה עבורכם. זו יכולה להיות הערכה נוספת על הלמידה שלכם.

קריטריונים להצלחה: השתמשו ב"אני", שתפו מחשבות ורגשות, הראו תובנות והקשרים.

צרו "מעגלי שייכות"

הקשיבו לשכל הישר שלכם ... לפעמים אתם צריכים לפנות לעזרה ולפעמים תוכלו להציע עזרה. זכרו את מה שלמדה שרה בפרק 5, "החוכמה הפנימית הטבעית שלי, *שהיא המדריך הפנימי שלי*, עוזרת לי; לפעמים היא עוזרת לי לדעת לבקש עזרה." צרו מעגלי שייכות כשאתם במרכז. הוסיפו שמות של אנשים מהמשפחה שלכם, מבית הספר, מהקהילה ומהחיים מחוץ לקהילה שיכולים לתמוך בכם. ברור שהחוכמה הפנימית שלכם היא מקור ההדרכה האולטימטיבי שלכם (24/7). שתפו את מעגלי השייכות שלכם עם מבוגר שאתם מכירים. האם מבוגר זה יכול להציע שמות נוספים שאולי תבחרו להוסיף?

קריטריונים להצלחה: היו מתחשבים, הציגו הקשרים, היו מדויקים, עשו את זה רלוונטי.

צרו מטאפורה אישית

האופן שבו הדמויות בסיפורים ראו את עצמן השתנה עם הזמן, בשעה שצברו הבנה של **המדריך הפנימי** שלהן.

צרו כרזה או מצגת אחרת משלכם, בה תציגו מטאפורה אישית - תמונת מצב שמתארת איך אתם רוצים לראות את עצמכם. השתמשו ביצירתיות ליצור דימוי כמו ינשוף, או סמל אחר לתכונות שלכם. כללו שמות תואר כדי לחזק את המטאפורה האישית שלכם. לדוגמא: "כמו כולם, יש לי חוכמה פנימית. אני גם __________, __________, ו __________. כללו בכרזה או במצגת שלכם לפחות שלוש מילים מתוך התכונות הרבות האלה:

אהוד	הגון	מועיל	סבלני
אוהב	הגיוני	מכבד	סומך
אופטימי	הומוריסטי	מלא חיים	ספונטני
אחראי	הרפתקני	מלא תקווה	סקרן
אידיאליסט	זהיר	ממושמע	עובד קשה
אכפתי	חביב	ממציא	עליז
אמיץ	חברותי	מעורר השראה	עצמאי
אמפטי	חולמני	מעריך	עקבי פשוט
אנרגטי	חומל חסכן	מעשי מפואר	קליל
אסיר תודה	טוב לב	מצפוני	ראש פתוח
בהיר	טקטי	מקורי	רגוע
בטוח	ידידותי ואוהב לכייף	משתף פעולה	רגיש
בעל דמיון עשיר	יצירתי	מתחשב	רהוט
בעל לב רחב	מאוזן	מתמיד	רחב אופקים
בעל פרספקטיבה	מאורגן	נדיב	שאפתן
בעל תושייה	מאושר	נחוש	שמח
גמיש	מבין	נטול אגו; לא אנוכי	שקול
דיפלומטי	מדויק		

קריטריונים להצלחה: צרו דימויים חזקים עם תכונות אמיתיות, השתמשו במרחב ביעילות והיו מדויקים.

תלמידים יקרים,

המדריך הפנימי שלכם, חוכמה, הוא ידע רב עוצמה ... זמין 24-7-365. כשאתם הולכים בנתיב האישי שלכם, דעו שאתם יכולים ליצור חיים יציבים ומרוצים. השתמשו **במדריך הפנימי** שלכם, המזוהה עם תחושה חיובית לתועלתכם כדי להכיר את עצמכם ולהבין את עולמכם.

אף על פי שאולי אף פעם לא ניפגש באופן אישי, אנא דעו שאני מאחלת לכם את הטוב ביותר להמשך הלמידה, ההצלחה והאושר שלכם לכל החיים. תוכלו למצוא אותי בפייסבוק, ב- 3 Principles Ed Talks, ודעו שתמיד אקבל בברכה את התגובות שלכם.

בברכת פרידה,

כריסטה קמפסול

בני הנוער אומרים את המילה האחרונה

"התחלתי להתנסות עם זה בבית. במשך שבוע אחד, ניסיתי לא להעיב על המדריך הפנימי שלי. פשוט שמתי את המחשבות השליליות שלי על אש קטנה. בסוף השבוע, הבנתי שלא התווכחתי עם הוריי ולא התעצבנתי על אחי המעצבן. הייתי הרבה יותר מאושרת.

כשנתגלעה מחלוקת ביני לבין הוריי, פשוט נזכרתי במציאויות נפרדות ומצאנו פתרון מהיר. החוכמה הפנימית שלי באה לי באופן טבעי יותר, עכשיו שאני יודעת מהי ואיך להשתמש בה.

שלישית, בשעורי ספורט אני בדרך כלל מתוסכלת. אפשרתי לתודעה שלי להתבהר כדי לעזור לי להתגבר על התסכול. כך הפכתי יותר מלאת ביטחון. לסיכום, אני שמחה שלמדתי על החוכמה הפנימית הטבעית שלי ואני אסירת תודה על ההתנסות."

***

"הייתי מתעצבן על משהו שהוריי או אחיותי עשו ... הייתי רץ החוצה, טורק את הדלת הכי חזק שיכולתי, ופשוט משוטט ברחובות או רץ לפארק או משהו כזה, ופשוט יושב שם הרבה זמן, למעשה עד שהוריי היו באים לקחת אותי. מאז הקורס, אני יושב בבית ופשוט מאפשר לקיטור להשתחרר במקום לרוץ החוצה."

***

"אנשים רבים רצים כל חייהם בחיפוש אחר האושר. במהלך הקורס, מצאתי כי שלווה פנימית כממרה מרכזית בחיים עוזרת לי לראות את דרכי בצורה ברורה. כשאני חושבת בצורה שלילית ואני מבואסת ..., אני לוקחת את הזמן לחשוב על שלווה פנימית ואני משתמשת בזה כנקודת "קרקוע". דרך זו לקרקע את עצמי הוכיחה את עצמה כמועילה. תמיד היה לי קשה להירגע ולהיות בשלווה פנימית. על ידי ההכרה בשלווה פנימית, קל לי יותר להירגע."

***

מה אתם יכולים להוסיף למילה האחרונה-אחרונה?

נספחים

נספח א': הערכה מקדימה לתלמיד

שם:_______________________ כיתה: _____________________ תאריך: __________________

הקף דרוג אחד עבור כל הצהרה אודות עצמך. 1 = "לעיתים רחוקות"; 5 = "בדרך כלל"

אחריות לרווחה אישית					
אני שמח/ה בחיי	1	2	3	4	5
אני מלא/ת תקווה לגבי העתיד	1	2	3	4	5
אני משתמש/ת בשכל ישר, בחוכמה פנימית, כדי להדריך אותי	1	2	3	4	5
אני נשאר/ת רגוע/ה ושלו/ה במצבים מאתגרים	1	2	3	4	5
אני מודע/ת לאופן בו ההחלטות והמעשים שלי משפיעים עלי	1	2	3	4	5
אני מודע/ת ואחראי/ת לרווחה הנפשית שלי	1	2	3	4	5
אני מנהל/ת את הלחצים שלי	1	2	3	4	5
אחריות תקשורתית, חשיבתית, אישית וחברתית					
אני מתקשר/ת ביעילות עם תלמידים אחרים בדיונים קבוצתיים בכיתה	1	2	3	4	5
אני מבטא את עצמי בצורה ברורה במשימות כתובות	1	2	3	4	5
אני משתמש/ת ביעילות בתקשורת דיגיטלית	1	2	3	4	5
אני משתמש/ת ברשתות חברתיות כדי לתמוך ולעזור באחרים	1	2	3	4	5
יש לי יכולת למידה טובה	1	2	3	4	5
אני מסוגל/ת לראות את "התמונה הגדולה" כשאני לומד/ת דברים חדשים	1	2	3	4	5
אני נחוש/ה ויש לי מוטיבציה לחקור נושאים חדשים	1	2	3	4	5
אני רואה את התוצאות ההגיוניות לחשיבה ולמעשים שלי	1	2	3	4	5
אני תופס/ת את עצמי "נופל/ת" רגשית, מסוגל/ת להירגע ולחזור להתנהגות טובה	1	2	3	4	5
אני מקבל/ת החלטות אחראיות תוך התחשבות בזולת ובעצמי	1	2	3	4	5
אני בונה מערכות יחסים בריאות עם תלמידים אחרים	1	2	3	4	5
אני ידידותי/ת, חביב/ה ואהוד/ה	1	2	3	4	5
אני מקשיב/ה לאחרים עם בהירות, סקרנות וחמלה	1	2	3	4	5
אני אמין/ה והוגן/ת	1	2	3	4	5
אני טוב/ה בלפתור "בעיות של אנשים" בקרב החברים שלי	1	2	3	4	5

אנא שמרו את ההערכה המקדימה שלכם (כנייר או על המחשב) כדי להשוות אותה להערכה המסכמת בסוף הקורס! יתכן שגם המורים שלכם ישמרו עותק וישוחחו אתכם. תודה שמילאתם את הטופס!

נספח ב': הערכה מסכמת של הלומד

שם:____________________ כיתה:____________________ תאריך:____________________

הקף דרוג אחד עבור כל הצהרה אודות עצמך. 1 = "לעיתים רחוקות"; 5 = "בדרך כלל"

<u>**אחריות לרווחה אישית**</u>					
אני שמח/ה בחיי	1	2	3	4	5
אני מלא/ת תקווה לגבי העתיד	1	2	3	4	5
אני משתמש/ת בשכל ישר, בחוכמה פנימית, כדי להדריך אותי	1	2	3	4	5
אני נשאר/ת רגוע/ה ושלו/ה במצבים מאתגרים	1	2	3	4	5
אני מודע/ת לאופן בו ההחלטות והמעשים שלי משפיעים עלי	1	2	3	4	5
אני מודע/ת ואחראי/ת לרווחה הנפשית שלי	1	2	3	4	5
אני מנהל/ת את הלחצים שלי	1	2	3	4	5
<u>**אחריות תקשורתית, חשיבתית, אישית וחברתית**</u>					
אני מתקשר/ת ביעילות עם תלמידים אחרים בדיונים קבוצתיים בכיתה	1	2	3	4	5
אני מבטא את עצמי בצורה ברורה במשימות כתובות	1	2	3	4	5
אני משתמש/ת ביעילות בתקשורת דיגיטלית	1	2	3	4	5
אני משתמש/ת ברשתות חברתיות כדי לתמוך ולעזור באחרים	1	2	3	4	5
יש לי יכולת למידה טובה	1	2	3	4	5
אני מסוגל/ת לראות את "התמונה הגדולה" כשאני לומד/ת דברים חדשים	1	2	3	4	5
אני נחוש/ה ויש לי מוטיבציה לחקור נושאים חדשים	1	2	3	4	5
אני רואה את התוצאות ההגיוניות לחשיבה ולמעשים שלי	1	2	3	4	5
אני תופס/ת את עצמי "נופל/ת" רגשית, מסוגל/ת להירגע ולחזור להתנהגות טובה	1	2	3	4	5
אני מקבל/ת החלטות אחראיות תוך התחשבות בזולת ובעצמי	1	2	3	4	5
אני בונה מערכות יחסים בריאות עם התלמידים האחרים	1	2	3	4	5
אני ידידותי/ת, חביב/ה ואהוד/ה	1	2	3	4	5
אני מקשיב/ה לאחרים עם בהירות, סקרנות וחמלה	1	2	3	4	5
אני אמין/ה והוגן/ת	1	2	3	4	5
אני טוב/ה בלפתור "בעיות של אנשים" בקרב החברים שלי	1	2	3	4	5

השוו הערכה מסכמת זו עם ההערכה המקדימה שהשלמתם בתחילת הקורס. יתכן שגם המורים שלכם ישמרו עותק וישוחחו אתכם.

תודה שמילאתם את הטופס!

נספח ג': תזכורות משיעורי המפ"ש II

אנא הקדישו רגע להיזכר בשיעורי שלושת העקרונות החשובים ביותר שכבר למדתם. מה שירת אתכם היטב? האם יש משהו שהייתם מוסיפים לרשימה למטה?

המדריך הפנימי שלי

- המדריך הפנימי שלי (חוכמה פנימית טבעית) נמצא תמיד 24-7-365.
- מחשבה מעיבה חולפת כמו עננים החולפים על פני השמש.
- המדריך הפנימי שלכם הוא ידע שצומח אתכם.
- הוא מביא לכם אהבה וחמלה ומוביל לאושר.

מתנת המחשבה

- מחשבה היא מתנה. תוכלו להשתמש בה לפי רצונכם. תארו לעצמכם!
- פעלו על פי מחשבות טובות ולא יהיה לכם מה להפסיד.
- אתם יכולים להרפות ממחשבה כמו מתפוח אדמה לוהט!

תובנות מועילות

- תובנות עוזרות לנו להכיר את עצמנו ולהבין את עולמנו.

אלוהה וחוכמה

- כל ילד נולד עם "קערת אור" מלאה באלוהה וחוכמה.

רמזור ירוק-קדימה

- רמזור אדום ... עצרו כשאתם כועסים.
- רמזור כתום ... מה הוא מאפשר לכם?
- רמזור ירוק ... נרגעתם... קדימה המשיכו הלאה!

חברויות בריאות

- מי ומה שאתם בפנים – זה מה שקובע. כשאתם יודעים זאת, אתם באופן טבעי מסבירי פנים, ידידותיים וחביבים.

"לעולם אל תשכחו שאחד הדברים המרתקים והיפים ביותר בחיים האלה, הוא מימוש הידע העצמתי הטמון בתוך כל אדם." (Dear 69)

נספח ד': תזכורות משיעורי המפ"ש III

פרק 1 – לגלות את *המדריך הפנימי* שלי

- ✓ המדריך הפנימי שלי מתייחס לחוכמה הטבעית שלי.
- ✓ משוואת שלושת העקרונות: תודעה + מודעות + מחשבה = מציאות (***Enl GR 42***)
- ✓ מה שאנחנו עושים עם מחשבה זה המשתנה שעושה את ההבדל.
- ✓ אתם לא רובוטים!
- ✓ יש לנו רצון חופשי לבחור אילו מחשבות יקבלו את תשומת ליבנו.
- ✓ בריאות נפשית טמונה בפנים.
- ✓ האושר בתוכנו.
- ✓ כל אחד מאיתנו רואה מציאות נפרדת (***Mis 6***).
- ✓ כל אדם יוצר את הסרט שלו או שלה.
- ✓ "אתם טובים כמו כל אחד אחר" (***Att 11:12***).
- ✓ פשוטו כמשמעו לכל אחד יש חוכמה מולדת בפנים.

***מדריך פנימי* הוא חוכמה מולדת**

אושר הוא מצב נפשי שאנו מוצאים... בתוכנו

פרק 2 – קסמו הביטחון העצמי

- ✓ כשאתם בקשר עם ***המדריך הפנימי*** שלכם, השכל ישר והחוכמה, אתם יודעים אם החשיבה שלכם מורידה אתכם מהמסלול.
- ✓ אתם יכולים למעשה לבחור להפסיק להזין מחשבות לא מועילות המחזיקות אתכם בהרגשה ירודה.
- ✓ זו הייתה פשוט חשיבה לא בטוחה במסווה אחר!
- ✓ אתם מצוידים ב- GPS פנימי – ***מדריך פנימי*** שיוביל אתכם לכיוון הנכון, כשאתם מבטלים את הסחת הדעת של חשיבה חסרת ביחון.
- ✓ היו אסירי תודה שאתם אלה הנוהגים ברכב של חייכם.
- ✓ "כל הרגשות נובעים ומקבלים חיים **מכוח המחשבה**, בין אם הם שליליים ובין אם חיוביים." (Mis. 25)

✓ "אנשים רבים טועים להאמין שמצבי הרוח שלהם יוצרים את מחשבותיהם; במציאות, אלו הן המחשבות שלהם שיוצרות את מצבי הרוח שלהם." (Mis. 58)

רווחה היא מצב נפשי בטוח שנמצא ... בפנים

פרק 3 – פְּגוּדִימָה וכיפית: הזהות האמיתית שלנו

✓ כשהתודעה שלכם צלולה, יש סיכוי גדול יותר שתקבלו תובנה.

✓ חשיבה על החשיבות העצמית שלכם מחבלת באושר שלכם.

✓ מי ומה שאתם בפנים – זה מה שקובע.

✓ אתם יכולים להתנצל ולקבל הזדמנות שניה ליצור מערכת יחסים בריאה.

✓ "אנו חייבים להסתכל מעבר למחשבות המזוהמות שלנו." (Mis. 41)

✓ בהירות נפשית חושפת הרגשה חיובית. השקט והידיעה הזו נמצאים תמיד בתוככם.

✓ "מחשבות ורגשות חיוביים יסייעו לכם לגלות את הבריאות הנפשית והחוכמה הטמונים בתוככם." (Mis. 112)

✓ "שיפוט מגרעותיכם או מגרעותיהם של אחרים מוביל לאומללות. תודעה שאינה שופטת היא תודעה מאושרת." (Mis. 118)

✓ פועלים כאן סיבה ותוצאה הגיוניים: מחשבות שליליות יוצרות רגשות שליליים ומחשבות חיוביות יוצרות רגשות חיוביים.

✓ המדריך הפנימי שלכם – חוכמה – תמיד נגיש.

יש קשר סיבה ותוצאה בין מחשבות ורגשות

פרק 4 – החיים מתרחשים בהווה, החיים בעבר הם אבק

✓ "מחשבות יוצרות תמונה אישית של המציאות בה אתם חיים" (Mis. 56)

✓ לעולם, לעולם, לעולם אל תזלזלו בעצמכם"

✓ אין אף אחד... שהוא יותר טוב או יותר גרוע מכם."

✓ יש בידיכם את הבחירה: להיאחז בחשיבה ישנה המחזיקה את כאבי העבר בחיים; או להפתח לתובנה שמעניקה לכם נקודת מבט חדשה.

✓ אנו יכולים להרגיש בריאים ושלמים.

כשאנו אסירי תודה, אנו נהנים משקט נפשי וסיפוק

פרק 5 – הבנת החושבים האבודים

- ✓ אף אחד לא יכול לקחת מכם את כבודכם.
- ✓ אין צורך לדאוג מה אחרים חושבים עליכם; זה רק מה שהם חושבים.
- ✓ אין צורך לקחת כל דבר באופן כל כך אישי ולהרגיש כל כך אומללים.
- ✓ לא משנים הפרטים של מה שקורה – כולנו פגיעים לפעמים ועשויים להזדקק לעזרה על מנת לראות זאת ולזכות בהבנה.
- ✓ חוכמה פנימית טבעית - **המדריך הפנימי** שלכם - עוזרת לכם ... לפעמים אפילו בבקשת עזרה.
- ✓ אף אחד לא צריך לחיות בצללים.

הפתרון היחיד למחשבות מוטעות הוא החוכמה הפנימית המולדת שלנו.

פרק 6 –לפנות מקום לאושר

- ✓ בריאות נפשית הינה מצב של רווחה נפשית.
- ✓ לכולנו חוכמה פנימית, שהינה זמינה תמיד.
- ✓ מצב נפשי רגוע מייצר באופן טבעי תובנות מועילות.
- ✓ העבר הוא זיכרון – מחשבה הנישאת בזמן.
- ✓ יכולים להיות לכם "רגשות בריאים יותר כלפי עצמכם וכלפי אחרים." (Mis. 108)

יש חופש בידיעה שהעבר הוא עבר – נועדנו לחיות בהווה.

פרק 7 – פונים לעתיד במצב של רווחה נפשית

- ✓ דאגות הן מיותרות. העיפו אותן כמו שהייתם מעיפים זבוב קטן.
- ✓ "לא משנה מה שאתם חושבים, אתם מה שאתם חושבים. ." (Att. 10:06)
- ✓ בראש שקט, תוכלו לפתור בעיה מהר יותר.
- ✓ בראש שקט, יש יותר מקום לחשוב.
- ✓ "התחילו להרגיש טוב כלפי עצמכם והחוכמה הזו תצא." (Att. 12:05)
- ✓ "אם הגישה שלכם ללימודים חיובית, יהיו לכם חיים טובים." (Att.15:14)
- ✓ אושר, רווחה נפשית, תחושת ביטחון וגישה חיובית הולכים יד ביד.

"השתמשו במודעות שלכם בחוכמה. השתמשו במחשבות שלכם בחוכמה.

השתמשו בתודעה שלכם בחוכמה. או אז אינכם יכולים לטעות. (Att. 13:42)

פרק 8 – הגדרת הנתיב האישי שלכם

✓ האושר נמצא בפנים.

✓ המדריך הפנימי שלי מתייחס לחוכמה הטבעית.

✓ חוכמה טבעית היא "אינטליגנציה פנימית שכולם נולדים איתה." (Att.part21:00)

✓ "אתם טובים כמו כל אחד אחר." (Att. 11:12)

✓ תודעה + מודעות + מחשבה = מציאות. (En.R. 42)

✓ יש לנו רצון חופשי לבחור אילו מחשבות יקבלו את תשומת ליבנו.

✓ כל בן ובת אנוש יוצרים את הסרט שלהם.

✓ "כל אחד מאיתנו רואה מציאות נפרדת." (Mis. 6)

✓ דימוי של חשיבות עצמית מפריע לאושר.

✓ חוסר שיפוטיות זה שביעות רצון.

✓ כלל סיבה ותוצאה הגיוני: מחשבות שליליות יוצרות רגשות שליליים ומחשבות חיוביות יוצרות רגשות חיוביים.

✓ "לעולם, לעולם, לעולם, אל תפחיתו בערככם." (One 7:12)

✓ "החיים הם כמו כל ספורט מגע." (Mis. 124)

✓ העבר הוא זיכרון - מחשבה הנישאת בזמן.

✓ מצב נפשי רגוע מייצר באופן טבעי תובנות מועילות.

✓ בראש רגוע יש יותר מקום לחשוב.

✓ דאגה היא חסרת תועלת: העיפו אותה כפי שהייתם מעיפים זבוב.

✓ בריאות נפשית היא מצב של רווחה נפשית.

"אם הגישה שלכם ללימודים טובה, יהיו לכם חיים טובים" (Att. 15:14)

נספח ה': הכוונה ליועצים וחונכים

הערה: אם אתם רוצים לשתף את מה שלמדתם על שלושת העקרונות, אתם יכולים בעצמכם, גם כנערות ונערים, להיות יועצים או חונכים לילדים ולילדות, לנערים ולנערות אחרים. הצעות אלה עשויות לעזור לכם:

- ***בריאות החונך/יועץ:*** מה שבסופו של דבר מסמיך אתכם לשתף את העקרונות הוא המידה בה אתם משקפים ומדגימים את איכות החיים שאחרים משתוקקים לה (המכונה "התקרקעות" ***"grounding"***) והיכולת שלכם לשתף את מה שאתם מבינים שאחראי לאיכות חיים זו. [הדרך הטובה ביותר להגדיל את האפקטיביות שלכם היא להתבונן באופן שוטף על העקרונות.]
- ***התבוננו בבריאות הנפשית המולדת של האנשים ולא בבעיותיהם:*** יש חוכמה והיגיון בעקרונות שקיימים בכל היצורים החיים. [לכולם כבר יש בריאות נפשית מולדת.]
- ***תובנה/אינטליגנציה טהורה:*** הבנת החוכמה המולדת או האינטליגנציה הטהורה מגיעים מתוך הקשבה באמצעות תובנה. [כך מתחולל שינוי מתמשך.]
- ***העמקת רמות המודעות:*** למדנו לשמור על מסר פשוט ולא אנליטי ומסובך. [הבנה אמיתית היא עניין של הלב.]
- ***שיחה חברית:*** יש ערך רב בשיתוף עם תלמידים אחרים בגובה העיניים, כמו בשיחה בין חברים.
- ***הקשבה לאמת:*** למדנו מסיד שאת האמת של העקרונות ניתן לראות רק באמצעות תובנות. שום דרך לנסות להבין דברים בשכל לא עוזרה מעולם. תובנה יכולה להתרחש בכל עת ובכל מצב נפשי; עם זאת, הקשבה מתוך ראש שקט תורמת יותר לתובנות מאשר תהליך הקשבה פעיל ואנליטי.
- ***הקשבה לאחרים:*** למדנו להקשיב מעבר לסיפורים האישיים ולשמוע את חכמתם של הדוברים, ולכוון אותם לשם. זה עוזר להם לראות שהם יודעים מה לעשות, לא משנה מה ההיסטוריה שלהם, או מה קרה להם.
- ***הצמדו למה שאתם יודעים:*** חשוב שניצמד למה שאנחנו יודעים (למה שאמיתי עבורנו) ולא ננסה לדבר מעבר לרמת ההתפתחות שלנו.
- ***שיתוף הסיפור שלנו:*** סיד גם עודד אותנו לשתף את הסיפור האישי שלנו (כיצד הגענו להבנת העקרונות ומה ראינו בעצמנו).
- ***חיבור הנקודות:*** כאשר לאנשים יש תובנות, הם משתנים. הם רואים ושומעים אחרת ומרגישים אחרת, אך יתכן שהם לא תמיד מבינים זאת בהתחלה. יש ערך רב בהצבעה על הדרך שעשו ועל השינוי שהתחולל בהם. זה נותן תחושה של תקווה.

- *דבקו בעקרונות:* העקרונות מעצימים אנשים בכך שמכוונים אותם לחוכמתם המולדת, ליצירתיות ולחוסן הנפשי הטבעיים שלהם.

- *סמכו על החוכמה הפנימית/האינטליגנציה הטהורה שלכם:* בסופו של דבר, כולנו רוצים לסמוך ולעקוב אחר החוכמה שלנו, מה שאנחנו באופן אישי מבינים.

- *שמרו על הלב במקום הנכון:* סיד בנקס הקדיש את זמנו לשירות הזולת ועודד את אלה שלמדו ממנו ללכת בכיוון הזה.

הערה: התאמנו מסמך זה עבור יועצים וחונכים עמיתים מתוך *שיתוף העקרונות של תודעה, מודעות ומחשבה* מאת אלסי ספיטל וד"ר ג'ורג' פרנסקי בשיתוף עם מתרגלי שלושת העקרונות.

נספח ו': אוצר מילים חיוני א-ת

הבנת המילים הללו בצורה מעמיקה יותר משפרת את יכולת התקשורת.

א

אובססיבי – כפייתי, מאולץ, נעול על דבר אחד, משוגע ל-, אחוז דיבוק

אומץ – יכולת התמודדות עם אתגרים (כמו פחד, כאב, סכנה, איום, אי-וודאות...) באופן ישיר

אוניברסלי – עולמי, כללי, כלל-עולמי, מקיף, כולל, מתאים לכל, השייך לכלל האנושות

אופטימי – חיובי, מלא תקווה

אושר – רווחה וסיפוק, תחושה שהחיים משמעותיים

אחווה – תחושת קרבה, אהבת אחים, ידידות, חברות, קשר אמיץ, שותפות גורל

אינטואיטיבי – מולד וטבעי

אינטואיציה – ידיעה מתוך תחושה, תפיסה בלתי אמצעית, הבנה מיידית, הארה פנימית

אירוני – פרדוכסלי, בעל משמעות הפוכה למה שנאמר

אישי – שייך לאדם מסוים

אלוהה – מילה הוואית שפירושה אהבה, הבנה, שלווה וחמלה

אמפטיה – יכולת להבין רגשות של אחרים

אסיר תודה – מכיר טובה, מלא הכרת תודה, מעריך את הטוב בחיים

אשליה – אחיזת עיניים, תעתוע, רושם מוטעה

ב

בהירות – לראות או לחשוב באופן ברור, בוודאות

בריאות נפשית – מצב של איזון שיש בו שמחה, אהבה, חמלה, תחושת רווחה ואושר

ג

גורם – סיבה

גישה – השקפה, דעה, עמדה, תפיסה, יחס, נטייה, צורת הסתכלות, הרגשה כלפי משהו

ד

דאגה – תודעה המתעכבת על בעיות, חרדה, חשש, פחד, חוסר שלווה

דיכאון – מצב רוח רע של עצב, מצב רוח שנגרם מחוסר תקווה

דימוי עצמי – הרעיון שיש לנו על עצמנו

ה

הבנה –שימוש באהבה, חמלה וטוב לב כמדריך, הכרה

הגיוני – עושה שכל

הגינות – צדק ורגישות לצרכים של אחרים

הטרדה – הפחדה אגרסיבית כמו בריונות, הקנטה, הצקה

היגיון – שכל ישר, משמש לחיזוי לתוצאות של פעולות

הסכת - פודקאסט

הרמוניה – *זרימה, הסכמה, הבנה, שיתוף פעולה [בהשאלה ממוזיקה: התמזגות, אחידות, אחדות מוסיקלית שערבה לאוזן]*

השפעה - תוצאה

ו

וויסות עצמי - היכולת להישאר רגוע וממוקד

ח

חוסן – כוח, עצמה, חוזק, עוז, אומץ, נחישות, גבורה, היכולת לנווט בחיים

חוסר ביטחון – אי-אמון ביכולת להתמודד בהצלחה עם מצבים שונים

חזון – רעיון עם תמונה בראש, תמונה שעולה בדמיון

חיובי – טוב, שימושיי

חוכמה – שכל ישר, היגיון בריא, ידיעה, **המדריך הפנימי שלכם**

חמלה –הרגשת אמפטיה מתוך הבנה

חרדה – תחושת דאגה, בהלה, חשש, אימה, רעד

חשיבות עצמית – תחושה מוגזמת של החשיבות שלנו

י

יוזמה – מוטיבציה עצמית

ל

לאיים - להפחיד, להבהיל

להסוות – להתחפש, להתחזות, להסתיר

להשפיל – לפגוע בכבוד של אחרים

לחץ – הרגשת דחיפות מתוחה, מתח

לחץ – מתח נפשי, מועקה

מ

מדריך פנימי (מפ"ש) – יועץ חכם ויודע, עוזר לנווט בחיים

מודעות – הכרה, כאשר המילה מודגשת היא מציינת את עיקרון המודעות

מוטעה – שיפוט או מסקנות לא נכונות

מולד – אינטואיטיבי וטבעי, בא לנו עם לידתנו

מופרך – לא תקף, מוטעה, מוכח כשגיאה, חסר יסוד, חסר בסיס

מחשבה – אנרגיה חסרת צורה, כלי יצירתי, היכולת לחשוב, כאשר המילה מודגשת היא מציינת את עיקרון המחשבה

מטאפורה – דימוי, סמל למשהו אחר

מלא תקווה – הרגשה חיובית כלפי העתיד

מסולף – מעוות, מוטעה, לא אמיתי

מסופק – שבע רצון, מרוצה

מצב רוח – מצב נפשי הנגרם על ידי החשיבה שלי ברגע זה

מציאות – האופן שבו החיים נראים לחושב

מצפון – קול פנימי, מוסר כליות, חובת הלב, יושר הלב

משתנה (*variable*) – משהו שעשוי להשתנות ולהשפיע על התוצאה

מתפוגג – נעלם, מתמוסס, מתנדף, מתאייד

נ

נבגד - להיות קרבן בגידה, להיות מרומה, לסבול מהפרת אמונים

נחישות - החלטיות, דבקות במטרה, הליכה עד הסוף

ניטרלי – הגון ולא מוטה, לא חיובי ולא שלילי

נסיבות – אירועי או מצבי חיים

ס

סיפוק – שביעות רצון, הנאה, קורת רוח, נחת רוח

ספק – הרגשה לא בטוח, פקפוק, חוסר ודאות, היסוס

ספקני – שיש לו ספקות

ע

עיקרון – הנחה יסודית, בסיס לשרשרת מסקנות

ענווה – צניעות, חוסר גאווה, מבט לא מתנשא על היכולות שלנו

פ

פְּגוּדִימָה – פגומה ומדהימה

פוטנציאל –יכולת, אפשרות

פופולרי - מקובל, ידוע, מפורסם, אהוד

פסיכולוגי – מתייחס לתפקוד נפשי

פרספקטיבה – ראיית מצב בדרך חוכמה וסבירה, נקודת מבט

ק

קנאה – מרירות, חמדנות, הרגשה מרירה מתוך רצון להיות כמו מישהו אחר או רצון לדברים, תכונות, הישגים כמו של מישהו אחר

קריקטורה – דבר מגוחך, תיאור מוגזם מבחינה קומית

ר

רווחה נפשית – מצב של הוויה, נוחות, בריאות נפשית, שביעות רצון כללית מהחיים

רוחני – חסר צורה

רצון חופשי – היכולת לבחור על איזו מחשבה לפעול

ש

שיפוט – דעה, מסקנה או הערכה

שיקום – חזרה למצב המקורי, לעשות שינוי חיובי בחיים

שכל ישר – חוכמה, היגיון בריא

שלילי – רע, לא רצוי

שמחה לאיד – הנאה מצרה של אחר

ת

תובנה – הבנה חדשה, חוכמה חדשה, משהו שלא ראיתי קודם ועכשיו אני רואה

תודעה אוניברסלית – האנרגיה חסרת הצורה שאחראית ליצירת כל החיים, המקור והתבונה שמאחורי כל החיים

תודעה אישית – כלל המחשבות הרגשות התחושות והתפיסות החושיות שהאדם מודע אליהן

Appendix G: Works Cited

Note: *My Guide Inside* uses Modern Language Association (MLA) 8 guidelines. Please see the bottom of this list to find selected abbreviated citations.

Online References

"Alain Le Sage." QuoteHD. www.quotehd.com/quotes/alain-rene-lesage-quote-i-am-happy- and-content-because-i-think-i-am. Accessed 31 Aug. 2016.
"Anthony's Story." YouTube. https://youtu.be/k89vc9MH_fY. Accessed 30 Jan. 2017.
"Aristotle." Goodreads. www.goodreads.com/quotes/209683-the-actuality-of-thought-is-life. Accessed 31 Aug. 2016.
"Article 1." UN. www.un.org/en/universal-declaration-human-rights. Accessed 03 Nov. 2016.
"Chief Dan George." AZQuotes. www.azquotes.com/quote/547211. Accessed 31 Aug.2016.
"Criminal Harassment." Canada.ca. www.laws-lois.justice.gc.ca/eng/acts/C-46/section-264. Accessed 03 Nov. 2016.
"Dr. Bill Pettit, part 1." YouTube. https://youtu.be/HT2psdpQAhc. Accessed 30 Jan. 2017.
"Dr. Bill Pettit, part 2." YouTube. https://youtu.be/gD-a9B3G31c. Accessed 30 Jan. 2017.
"Einstein's Intuition." Blogspot. http://intuition-indepth.blogspot.ca/2007/11/einsteins-intu-ition.html. Accessed 05 Feb. 2017.
"Forgive Yourself and Others from Salt Spring Conversations." YouTube. https://youtu.be/iBozKxHbFMo. Accessed 30 Jan. 2017.
"Harassment Law and Legal Definition." US Legal. www.definitions.uslegal.com/h/harassment. Accessed 03 Nov. 2016.
"Illusions." YouTube. https://youtu.be/uVriRbY_CS4. Accessed 30 Jan. 2017.
"Jason Mraz – Everything Is Sound [Official Lyric Video]." YouTube. https://youtube.com/watch?v=wYB- CiN401ds&list=PL88534134DDA83D46&index=16. Accessed 30 Jan. 2017.
"Jason Mraz – I won't give up [Lyrics]." YouTube. https://youtu.be/59L3zFMhjt8. Accessed 30 Jan. 2017.
"Jason Mraz - Living in the Moment [Official Audio Video]." YouTube. https://youtube.com/watch?v=YUFs_1vKYlY&list=RDEMgxYKcaKf7apM0rzrnBOZow&index=15. Accessed 30 Jan.2017.
"Jenny, Personal Story." YouTube. https://youtu.be/1y5DU0YlVQ0. Accessed 30 Jan. 2017.
"Mara Gleason, what are you seeing new?" YouTube. https://youtu.be/4s5BdJtMF-B8?list=PLsgb5R68GJ1iiTvvjXAGBK2uQn9J5YL1W. Accessed 30 Jan. 2017.
"Maya Angelou." AZQuotes. www.azquotes.com/quote/8490. Accessed 31 Aug. 2016.
"New Data Says School Bullying Has Declined." www.learninglab.legacy.wbur.org/2015/05/18/new-data-says-school-bullying-has-declined-nationally-heres-why. Accessed 30 Jan. 2017.

"Oscar Wilde." Goodreads. www.goodreads.com/quotes/19884-be-yourself-everyone-else-is-already-taken. Accessed 31 Aug. 2016.

"Oscar Wilde." Goodreads. www.goodreads.com/quotes/282056-life-is-too-important-to-be-taken-seriously. Accessed 31 Aug. 2016.

"Pharrell Williams – Happy (Official Music Video)." YouTube. https://youtube.com/watch?v=y6Sxv-sUYtM. Accessed 30 Jan. 2017.

"Protection from Harassment Act 1997." Gov.UK. www.legislation.gov.uk/ukpga/1997/40/contents. Accessed 03 Nov. 2016.

"Sharing the Principles of Mind, Consciousness, and Thought by Elsie Spittle and George Pransky in collaboration with Three Principle Practitioners." 3PGC. www.3pgc.org/blog/ elsie-spittle-and-george-pransky-in-collaboration-with-three-principle-practitioners. Acessed 31 Aug. 2016.

"Standing up to bullies." UBC. www.news.ubc.ca/2016/02/23. Accessed 30 Jan. 2017.

"Steve Jobs." Goodreads. www.goodreads.com/quotes/445286-have-the-courage-to-follow-your-heart-and-intuition-they. Accessed 31 Aug. 2016.

"Study reveals bullying is on the decline." AdjacentOpenAccess. www.adjacentgovernment.co.uk/education-schools-teaching-news/study-reveals-bullying-decline/11629. Accessed 30 Jan. 2017.

"Sydney Banks - A Quiet Mind, animated by CoachCafe.no." YouTube. https://youtube.com/watch?v=TQZ2w2d_aEw. Accessed 30 Jan. 2017.

"Sydney Banks – Goodwill." YouTube. https://youtu.be/eJ8A4yhPOYo. Accessed 30 Jan. 2017.

"Thea." YouTube. www.youtu.be/CEXRffCjVEw. Accessed 30 Jan. 2017.

"Three Principles by Sydney Banks – Animated by CoachCafe.no." YouTube. https://youtu.be/0467yPRpbBw. Accessed 30 Jan. 2017.

"Three Principles and Coaching." Youtube. https://youtu.be/zPqE5Uzcrcl. Accessed 30 Jan. 2017.

"Tyra Banks' New Phrase, "Flawsome" Is One We Should All Be Using." HelloGiggles. 09 May2014. www.hellogiggles.com/tyra-banks-new-phrase-flawsome one-using. Accessed 03 Nov. 2016.

"Waldo Emerson." BrainyQuote. www.brainyquote.com/quotes/quotes/r/ralphwaldo386697. Accessed 31 Aug. 2016.

"Walt Disney." BrainyQuote. www.brainyquote.com/quotes/quotes/w/waltdisney130027. Accessed 31 Aug. 2016.

"WHO | Mental Health: A State of Well-being." WHO | Mental Health: A State of Well-being World Health Organization. Accessed 03 Nov. 2016.

Abbreviated Citations

Quotations from multiple works by Sydney Banks are cited with the abbreviations below.

Att.   *Attitude!: Using the Three Principles to Deal with Stress & Insecurity*. (2003). Edmonton: Lone Pine Publishing. [audio.]

Dear   *Dear Liza*. (2004). Edmonton: Lone Pine Publishing.

Enl.G.   *Enlightened Gardener, The*. (2001). Edmonton: Lone Pine Publishing.

Enl.G.R.   *Enlightened Gardener Revisited, The*. (2006). Edmonton: Lone Pine Publishing.

Gre.S.   *Great Spirit, The*. (2001). Edmonton: Lone Pine Publishing. [audio.]

Mis.   *Missing Link, The*. (1998). Edmonton: International Human Relations Consultants.

One   *One Thought Away*. (2003). Edmonton: Lone Pine Publishing. [audio]

In *MGI*, for example, (Mis. 4) refers to *The Missing Link* page 4. For an audio source, such as (Att. 4:52) refers to *Attitude!* with recording counter indicated.

תודות

לסידני בנקס היה אכפת עמוקות מצעירים. הוא ידע שאם נוכל לעזור לכם, לנוער שלנו, העולם יהיה "מקום הרבה יותר טוב." הוא היה אדם רגיל שעבר חוויה ששינתה אותו בצורה עמוקה מבפנים-החוצה. את חייו, כדובר וכסופר, הוא הקדיש לשיתוף שלושת העקרונות האוניברסליים שחשף: תודעה, מודעות ומחשבה.

כשמורים, מנהלי בית ספר ואנשי מקצוע מסייעים אחרים למדו את העקרונות הללו, הם דיווחו בעקביות על תוצאות חיוביות במיוחד עם בני נוער ומבוגרים בבתי ספר, מרפאות לבריאות הנפש, עסקים, בתי כלא ומתנ"סים. העקרונות שהמפ"ש חולק איתכם מתמקדים באנשים המגלים את החוכמה הפנימית הטבעית ואת הבריאות הנפשית המולדת שלהם. הבנה זו זוכה עכשיו להכרה וכבוד בינלאומיים. כולנו יכולים להיות אסירי תודה על ההזדמנות לחקור את מסר התקווה הכה-עמוק ומשנה חיים של העקרונות.

תודה מקרב הלב לצוות המקצוענים המסורים שעזרו לי ליצור את המפ"ש בהתנדבות. העורכת ג'יין טאקר כתבה יחד את מהדורת חטיבת הביניים של *המדריך הפנימי שלי*, וסייעה בדרכים רבות במהדורת הנוער הזו על ידי שתרמה את הסיפורים של דותן ולילי, וכן השפיעה על הטקסט וסיפורים אחרים עם הצעות מאירות עיניים. הרצון הבלתי נדלה שלה לחלוק את הבנתה העשיר תכנית לימודים זו בצורה אדירה.

טום טאקר הפיק אמנותית את העטיפה ואת הפורמט הזה וג'ו אאוקוין יצר את גרפיקת הינשוף המיוחדת שלנו. הפסיכיאטר ביל פטיט כתב מכתב אישי היות שהוא מאמין באמונה שלמה שהכוונת צעירים למדריך הפנימי שלהם מפגישה אותם עם הבריאות הנפשית המולדת שלהם.

הסופרת ומורת העקרונות אלסי ספיטל נתנה את הסכמתה החביבה לכלול את *'שיתוף העקרונות של תודעה, מודעות ומחשבה'* (מסמך שיצרה עם ג'ורג' פרנסקי ומתרגלים אחרים). משאב חשוב זה הותאם, ברשות, עבור יועצים ומנטורים. כסופרת, מורה ומנהלת בית ספר מעל 40 שנה, בארב אוסט ראתה שהעקרונות מוציאים את המיטב מתלמידים ומורים. היא וקת'י מארשל אמרסון ממרכז המשאבים הלאומי לחוסן סקרו בהרחבה וסיפקו קישורים חשובים לעקרונות, הנחיות של תכנית לימודים, ומחקרים מבוססים בנושא חינוך, חוסן ותחומים קשורים. קת'י עודדה אותי בחום לקחת על עצמי את כתיבת תכנית הלימודים הזו, ומאחורי קלעים סייעה לי רבות ביצירת מדריך המורים והספר לתלמיד של המפ"ש.

בריידן יוז, עובד סוציאלי בית ספרי, שיתף אותנו במטפורת הנר, העובדת הסוציאלית מייוויס קארן שיתפה את מכתבה והמאמן פול לוק שיתף את שירו ואת יצירת האמנות שלו. בעלי, בוב קמפסול, תרם תובנות וסיפורי בית ספר ועודד אותי בכל שלב לאורך כל הדרך. בננו, מייקל, הקים את האתר המלווה עבור המפ"ש. לכל בני הנוער והמבוגרים שערכו והציעו הצעות וקידמו את המפ"ש תודות רבות!

- המחברת

אודות המחברות

כריסטה קמפסול (מימין) היא חלוצה בהבאת שלושת העקרונות לחינוך א׳-י״ב. מאז 1975, הם היוו את הבסיס לעבודתה כמורה בכיתה, כמורה לחינוך מיוחד וכמדריכת מורים. כריסטה קיבלה הדרכה מסידני בנקס לאורך כל הקריירה שלה, והוא העניק לה תעודה ללמד את שלושת העקרונות. היא בעלת BEd ו-DiplSpEd מאוניברסיטת קולומביה הבריטית ו MA מאוניברסיטת רויאל רודס. היא ובעלה גרים באי סולט ספרינג איילנד, קולומביה הבריטית.

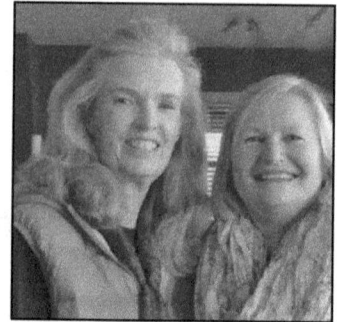

קת׳י מרשל אמרסון (משמאל), מייסדת ומנהלת מרכז המשאבים הלאומי לחוסן מנחה הכשרות מבוססות עקרונות לשינויים מערכתיים בבתי ספר ובקהילות. סדרת הוובינרים המקוונת החינמית והזמינה שלה ברחבי העולם, *׳מחנכים חיים בשמחת הכרת הטוב׳*, מציגה תוצאות של מחנכים ותיקים בינלאומיים המשתפים את העקרונות במשך למעלה מארבעים שנה בכיתות, בסדנאות בית ספריות ובהשתלמויות סטודנטים. קת׳י בעלת תואר שני מאוניברסיטת דרום קליפורניה והיא חברת סגל משלים באוניברסיטת מינסוטה.

סקירה כללית של תכנית הלימודים המקיפה של המדריך פנימי שלי

המפ״ש הוא תכנית לימודים מקיפה, הכוללת 3 חלקים, מגן הילדים עד י״ב, מבוססת סיפורים המכסה תכנים מותאמים לרמת ההתפתחות, בתהליך למידה מתמשך המשתרע לאורך כל שנות בית הספר. כמורים, אתם בוחרים את רמת *המדריך הפנימי שלי* המתאימה לתלמידים שלכם במסגרת החינוכית הספציפית שלכם - **ספר I** (מבוא, יסודי) **ספר II** (המשך, ביניים), **ספר III** (מתקדם, תיכון). בעזרת תכנית לימודים מקיפה זו, מנהלי בתי הספר יוכלו ליישם תכנית הדרכה רציפה לשיתוף שלושת העקרונות עם תלמידים בכל הכיתות.

מטרות *המדריך הפנימי שלי* (ספר III): העקרונות הנדונים בספר לתלמיד זה פועלים בכל בני האדם, כולל כל נער ונערה. תכנית לימודים זו של המפ״ש מצביעה על הדרך לשלמות, אושר, יצירתיות ורווחה בכל חלקי החיים.

לפיכך למפ״ש שתי מטרות אקדמיות גלובליות: (1) לטפח רווחה נפשית אישית מתוך הבנת עקרונות אלה; (2) לפתח מיומנויות תקשורת, חשיבה ואחריות אישית וחברתית. *המפ״ש* משיג שתי מטרות אלה על ידי שימוש בסיפורים, דיונים ופעילויות כתיבה

ויצירה שונות, תוך כדי שהוא מקדם מיומנויות שפה, כולל מדיה דיגיטלית.

גילוי המדריך הפנימי הוא המפתח ללמידה, והוא משפר את יכולתם של ילדים לקבל החלטות, לנווט בחיים ולבנות מערכות יחסים בריאות. גישה לחוכמה טבעית זו משפיעה על רווחה נפשית ורוחנית, על אחריות אישית וחברתית, ועל זהות אישית ותרבותית חיובית. למידה חברתית-רגשית, כולל נחישות, ויסות עצמי ויעילות עצמית הם גם תוצאות טבעיות של מודעות גבוהה יותר לחוכמה הפנימית/ "המדריך פנימי". הבנה זו ממקסמת את הרווחה האישית ומשפרת את האקלים הבית-ספרי, התנהגות התלמידים וביצועים אקדמיים.

מדריך המורים המלווה את ספר III תומך במורים עם מערכי שעור, הערכה מקדימה ומסכמת, פעילויות, מדדי הערכה, ומשאבים משמעותיים. בעוד שהמפ״ש מיושר בקפידה עם תכניות הלימודים וההנחיות של משרד החינוך של קולומביה הבריטית, הוא בהחלט מתאים לשימוש במדינות רבות. בקיצור:

- המפ״ש עונה על דרישות מסוימות של לימודי שפה, חינוך לבריאות אישית, חברתית וכלכלית.
- המפ״ש תומך בהכללה ומפתח מיומנויות תקשורת, למידה חברתית ורגשית, מודעות לרווחה אישית, אחריות חברתית וכישורי חשיבה.

המפ״ש מתאים לכל התלמידים בכיתות התיכון, תלמידים מבוגרים בתכניות שונות, תלמידים בחינוך ביתי, תלמידים בהכוונה עצמית הלומדים באופן עצמאי, תלמידים בשעורים פרטיים, בפגישות יעוץ או אימון אישיים ובדיונים עם הורים. רמת הקריאה היא לגילאי 13-19. היצע מדיה דיגיטלית חינמית וקטעי וידאו מוצעים באתר myguideinside.com. והכי חשוב, תכנית לימודים מקיפה זו מציעה מסגרת גמישה להתאמה ולשינוי כך שתתאים להבנת העקרונות של כל מורה ולצרכי התלמידים.

Instructional Materials for Pre K – 12 Learners

<u>myguideinside.com</u>

My Guide Inside® Pre-K -12 Comprehensive Curriculum

Campsall, C. with Marshall Emerson, K. (2018). *My Guide Inside, Learner Book I*, Charleston, SC: Create Space Independent Publishing Platform.

Campsall, C. with Marshall Emerson, K. (2018). *My Guide Inside, Teacher Manual, Book I*, Charleston, SC: Create Space Independent Publishing Platform.

Campsall, C., Tucker, J. (2017). *My Guide Inside, Learner Book II*, Charleston, SC: Create Space Independent Publishing Platform.

Campsall, C. with Marshall Emerson, K. (2017). *My Guide Inside, Teacher Manual, Book II*, Charleston, SC: Create Space Independent Publishing Platform.

Campsall, C. with Marshall Emerson, K. (2017). *My Guide Inside, Learner Book III*, Charleston, SC: Create Space Independent Publishing Platform.

Campsall, C., with Marshall Emerson, K. (2017). *My Guide Inside, Teacher Manual Book III*, San Charleston, SC: Create Space Independent Publishing Platform.

Supplemental Children's Picture Book

Campsall, C., Tucker, J. (2017). *Whooo ... has a Guide Inside?* Charleston, SC: Create Space Independent Publishing Platform.